아미타
Amita 阿弥陀

무량한 광명 무량한 수명

NAMO AMITA
BUDDHA
ILSIM JUNGTO

아미타

종교를 초월한 깨달음과 지혜

정목 지음

금샘

서문

끝없는 하늘에 빛나는 해와 달 무수한 별들
산하대지와 바다 그곳에 초목과 온갖 생명
그들을 지혜로운 능력으로 관장하는 인간은
언제부터 무엇이 어떻게 출현하였을까.
갖가지 다양한 모습은 어떤 이유에서일까.
인간은 목숨을 마친 뒤에 어디로 가는 것일까.
이 책은 세계와 인간의 존재방식을 밝히고
중생을 교화하는 방편과 진실의 지혜 및
다 함께 안락한 수행문을 논술한 것으로
종교를 초월한 깨달음과 지혜의 총론이다.

제1장은 '세계의 존재방식'을 서술하고
제2장은 '인간의 존재방식'을 서술하였다.
세계와 인간의 존재방식은 세계관이며
철학과 종교가 출발하는 근본 문제다.
모든 종교의 생명력은 그들의 세계관을
얼마나 합리적으로 설득하는가에 달려 있다.

'세계와 인간의 존재방식'을 이해하기 위해
이 책에서 사용하는 의미를 살펴보겠다.
'세계'는 자연계와 중생계를 포함하여
우주에 존재하는 역사[世]의 영역[界]을 말한다.
'인간'은 존엄하며 역사를 관장하는 주인이다.
'존재'는 일체의 물질과 오온의 인간이다.
'방식'은 존재의 다양한 모습을 인과와 연기,
업식과 지혜의 양상으로 보인 것이다.

이 글은 저 멀리 2600년 전부터
세상에 전해진 경전과 논서에 의거하고
경론에 밝혀지지 않은 것은 가능성과
과학의 지식에 의하여 추론한 섯이다.
이 글을 읽으면 종교를 초월한 성인의
깨달음과 지혜는 고도의 과학을 앞서 가는
놀라운 통찰력이 있음을 알게 될 것이다.
또 세계와 인간의 존재방식을
창조론 진화론 일원론 다원론도 아닌
업의 인과와 연기의 법칙으로 설파한
뜻과 진리를 더욱 깊이 이해하게 될 것이다.

세계와 인간의 존재방식의 요체를 말하면
만유의 근원은 광명이요 만물은 그의 연기다.
그 무량한 광명을 아미타[Amita]라 이름한다.
아미타는 세계와 인간의 존재방식을 관하고
마침내 성취하여 돌아가야 할 법이다.

제3장은 '중생을 교화하는 지혜'로 부처님이
방편의 지혜로 설하신 인천교와 대기설법의
교법을 서술하고 일심의 뜻을 밝혔다. 또
'상구보리'로 나아가는 네 가지 진실의 지혜와
'하화중생'을 실현하는 신행체계를 서술했다.
끝으로 일심정토를 최상의 가치로 파악하고
그 염불수행의 묘하고 뛰어남을 서술하였다.

제4장은 '염불수행의 오념문'으로 불교의
가치를 실현하는 수행법을 자세히 해설했다.
『왕생론』에서 설한 오념문의 수행법을
근기에 따라 실천하여 현실의 이익을 얻고
일심정토로 나아갈 수 있도록 해설했으며
깨달음의 차원과 수행의 공덕을 논한 것이다.

일심의 도리에 의해 현실의 정토가 실현되는
일심정토는 인류가 추구하는 최상의 가치다.
아미타를 법으로 삼아 칭명염불을 수행하면
안심을 얻고 윤회가 없는 정토에 태어난다.
아미타를 법으로 삼아 관상염불을 수행하면
'일체가 아미타불의 화신'이라는 지혜를 얻고
실천하는 동시에 지혜와 복덕이 증장한다.
비록 지금 괴로움이 끊이지 않는 삶일지라도
인간의 무한한 가능성을 실현해 증명하는
성인의 말씀을 믿고 수행해야 안락을 얻는다.

철학이 없는 신행은 맹종하기 쉽고
신행이 없는 철학은 증득하기 어렵다.
세계와 인간의 존재방식을 근본으로
믿고 실천해 성인의 지혜를 체득하여
다 함께 안락한 삶이 되기를 바란다.

오룡산 정토원에서 백송 정목 삼가 씀

차 례

서문 ··· 4

제1장 세계의 존재방식

제1절 우주와 세계
1. 삼천대천세계 ·· 16
2. 지구 외에도 중생계가 있다 ······························ 19
3. 세계의 순환 ·· 21
4. 겁의 산정 ··· 23

제2절 만물의 근원
1. 대각의 광명 ·· 27
2. 도는 허무가 아니다 ·· 29
3. 중생들의 공업력, 생명의 에너지 ························ 30
4. 광명이 국토를 이룬다 ····································· 32

제3절 별들의 세계
1. 별들의 탄생 ·· 34
2. 태양의 탄생 ·· 35
3. 태양계의 행성들 ·· 36
4. 지구와 달 ··· 37
5. 세계가 일어나는 원리 ····································· 39

제4절 지구의 존재방식
　1. 지구의 시초 ·· 40
　2. 2600년 전에 생각한 지구의 모습 ··· 43
　3. 풍륜 ··· 45
　4. 금륜 ··· 48
　5. 수륜 ··· 50
　6. 천상계와 대기권 ··· 52
　7. 사주 ··· 56
　8. 햇볕 ··· 60
　9. 사대의 연기 ··· 63

제5절 지구의 생명들
　1. 생명의 기원 ··· 68
　　① 유일신의 창조론 ··· 68
　　② 진화론의 자연선택 이론 ··· 72
　　③ 진화론의 유전자 이론 ··· 74
　　④ 불교의 연기론 ··· 75
　2. 최초의 생명체 ··· 79
　3. 네 번의 도전 ··· 84
　4. 네 부류의 동물 ··· 88
　5. 동물의 존재방식 ··· 93
　6. 열 가지 생명 ··· 95
　7. 생명의 종말 ··· 99

제2장 인간의 존재방식

제1절 인간의 존재
1. 인간이 출현하다 ·· 104
2. 오온의 인간 ··· 109
3. 태생의 십이연기 ·· 113

제2절 인간의 욕망
1. 세 가지 탐욕 ·· 122
2. 마음의 삼재 ··· 127
3. 오욕의 존재 ··· 131

제3절 인간의 다양한 모습
1. 인천교의 육도 중생 ·· 137
2. 소승교의 성문과 연각 ··· 137
3. 법상교의 오종 종성 ·· 138
4. 파상교의 십종 중생 ·· 138
5. 대승의 십법계 중생 ·· 139
6. 정토교의 중생 분류 ·· 140

제3장 중생을 교화하는 지혜

제1절 인천교
1. 모든 종교에 인천교가 있다 ································· 146
2. 인천교의 교법 ·· 151
 ① 삼악도에 떨어지는 악업 ·································· 153
 ② 인간계에 태어나는 선업 ·································· 155
 ③ 천상계에 태어나는 선업과 부동업 ···················· 157

제2절 육도 윤회설
1. 인천교와 소승교의 업식 유전 ········· 159
2. 대승의 의식 유전 ········· 162
3. 무아의 윤회 이론 ········· 165

제3절 대기설법
1. 소승교 ········· 172
2. 법상교 ········· 174
3. 파상교 ········· 176
4. 일심교 ········· 177
5. 정토교 ········· 180

제4절 상구보리 하화중생
1. 인간의 존귀함 ········· 185
2. 일체경계 본래일심 ········· 188
　① 『대승기신론소』의 일심 ········· 189
　② 『무량수경종요』의 일심 ········· 191
3. 상구보리의 지혜 ········· 194
　① 성소작지 ········· 195
　② 묘관찰지 ········· 197
　③ 평등성지 ········· 201
　④ 대원경지 ········· 206
　⑤ 우러러 믿으라 ········· 209
4. 발심하고 실천한다 ········· 216
　① 소승과 대승 ········· 216
　② 무상보리로 가는 마음 ········· 218
　③ 수사발심 ········· 221
　④ 순리발심 ········· 226

5. 하화중생 권수염불 ·· 231
　① 하화중생의 신행체계 ································ 231
　② 권수염불 ·· 235

제5절 일심정토

1. 대승의 꽃 일심정토 ······································ 244
　① 대승불교 ·· 244
　② 일심정토의 뜻 ··· 246
2. 아미타의 세계 ·· 250
　① 비밀한 『아미타경』 ································· 250
　② 아미타의 뜻 ·· 255
　③ 타력문의 정토 ··· 260
3. 염불수행 ·· 265
　① 염불의 뜻 ··· 265
　② 신행의 요체 ·· 266
4. 지금 왜 염불인가? ······································· 269
　① 염불행자는 분다리화다 ···························· 272
　② 염불은 위없고 묘한 법 ···························· 276
　③ 화쟁과 회통의 종교 ································· 280

제4장 염불수행의 오념문

제1절 오념문의 실천

1. 예배문 ··· 288
　① 예배문의 뜻 ·· 288
　② 우러러 믿음 ·· 289
　③ 왕생을 발원함 ··· 290

④ 몸으로 예배함 ——————————— 290
⑤ 몸의 업을 청정하게 함 ——————— 291
⑥ 예배문은 근문이다 ——————— 292
⑦ 일반의 이익 ——————————— 293

2. 찬탄문 ——————————————— 294
① 찬탄문의 뜻 ——————————— 294
② 명호의 뜻을 알아야 함 ———————— 296
③ 명호를 부르고 찬탄함 ——————— 298
④ 아미타와 상응하기를 원함 ————— 303
⑤ 말의 업을 청정하게 함 ——————— 304
⑥ 찬탄문은 대회중문이다 ——————— 305
⑦ 일반의 이익 ——————————— 306

3. 작원문 ——————————————— 307
① 작원문의 뜻 ——————————— 307
② 항상 원을 지음 ————————— 308
③ 삼매행을 닦음 ————————— 310
④ 일상관을 닦는 법 ———————— 314
⑤ 마음의 업을 청정하게 함 ————— 321
⑥ 작원문은 택문이다 ———————— 322
⑦ 일반의 이익 ——————————— 323

4. 관찰문 ——————————————— 324
① 관찰문의 뜻 ——————————— 324
② 정토의 경계를 관찰함 ——————— 325
③ 정념과 지혜로써 관찰함 —————— 327
④ 왕생의 깨달음 ————————— 329
⑤ 지혜의 업을 청정하게 함 ————— 330
⑥ 관찰문은 옥문이다 ———————— 331
⑦ 일반의 이익 ——————————— 332

5. 회향문 ·· 334
   ① 회향문의 뜻 ··· 334
   ② 항상 초발심을 잊지 않음 ································· 335
   ③ 회향을 으뜸으로 삼아 실천함 ······························ 336
   ④ 방편지의 업을 청정하게 함 ······························· 338
   ⑤ 감사와 보은의 도 ··· 339
   ⑥ 회향문은 원림유희지문이다 ······························· 341
   ⑦ 오은에 감사하고 보은하는 삶 ···························· 343

제2절 깨달음과 수행의 공덕

1. 선오후수문 ·· 346
   ① 깨달음의 차원 ·· 346
   ② 자각과 왕생 ··· 352
   ③ 선오후수문의 뜻 ·· 353
   ④ 선오후수의 오념문 ·· 357
2. 일체가 아미타불의 화신 ·· 361
   ① 아미타와 그 화신 ·· 361
   ② 정토는 청정한 공업력 ······································· 367
   ③ 앎의 자유, 삶의 자유 ·· 375

염불을 권하고 마침 ·· 380

제1장 세계의 존재방식

제1절 우주와 세계

제2절 만물의 근본

제3절 별들의 세계

제4절 지구의 존재방식

제5절 지구의 생명들

제1절 우주와 세계

1. 삼천대천세계

『장아함경長阿含經』[염부제주품閻浮提洲品]에서 이와 같이 말씀하셨다.

> 부처님께서 한때 사위국 기타 태자의 숲에
> 급고독 장자가 세운 동산의 구리굴에 계셨다.
> 비구들이 '지금 이 천지는 어찌하여 무너지고
> 이루어집니까?'라고 물었다.
> 하나의 태양과 달이 동서남북 천하를
> 두루 다니면서 널리 광명을 비추고 있다.
>
> 동서남북 천하에 천 개의 세계가 있다.
> 천 개의 세계 가운데는 천 개의 해와 달,
> 천의 수미산왕, 4천의 천하와 대천하,
> 4천의 바다와 큰 바다, 4천의 용과 큰 용,

4천의 금시조와 큰 금시조, 4천의 악도와 큰 악도,
4천의 왕과 대왕, 7천의 큰 나무, 8천의 큰 지옥,
10천의 큰 산, 천의 염라왕, 천의 사천왕,
천의 도리천, 천의 염마천, 천의 도솔천,
천의 화자재천, 천의 타화자재천, 천의 범천이 있다.
이것을 소천세계小千世界라고 이름한다.

소천세계와 같은 것이 천 개로 된 세계가 있다.
이것을 중천세계中千世界라고 이름한다.
중천세계와 같은 것이 천 개로 된 세계가 있다.
이것을 삼천의 대천세계大千世界라고 이름한다.
이와 같이 세계가 겹겹으로 둘러져 있고
생겨났다 무너졌다 하는 것이며
중생이 사는 곳을 하나의 불토佛土라고 이름한다.

우주는 본래 시작도 없고 끝도 없으며
모든 방향으로 광대하여 아득히 멀다.
우주에는 수많은 별들의 집단이 있는데
그를 통틀어 삼천대천세계라고 하셨다.
소천세계 중천세계 대천세계를 일컫는다.

소천세계는 태양계와 같은 하나의 세계가
천 개가 모였으니 해와 달도 천 개가 있고
수많은 행성과 지구 같은 세계도 존재한다.

소천세계가 천 개 모이면 중천세계이고
중천세계가 천 개 모이면 대천세계이니
우주에는 10억의 세계가 존재한다는 것이다.
이와 같은 무수한 세계는 영원한 것이 아니라
형성 유지 무너짐 공함의 순환을 거듭한다.
우주에는 삼천대천세계라고 부르는
무수 무량한 세계가 존재하고 있다.

한 세계에는 신神 또는 천왕天王과 함께
천인天人들이 사는 천국도 수없이 많다.
그러나 우리들과 같은 중생이 사는 곳을
하나의 불토佛土라고 이름한다.
불토는 부처님이 계신 국토이지만
궁극에는 자연과 인간의 청정한 공덕상이
아름답게 빛나는 세계를 말하는 것이다.
자연과 인간이 청정한 광명으로 빛나는 불토

그 이상세계가 지금 여기라고 인식하는 것
바로 이 점이
세계의 존재방식을 알아가는 희망이다.

2. 지구 외에도 중생계가 있다

『무량수경無量壽經』에서 이와 같이 말씀하셨다.

   210억의 불국토가 있어서

   부처님께서 모두 다 관찰하신다.

지구 바깥에도 210억의 불국토가 존재하니
부처님이 계시고 중생들도 살아갈 것이다.
동서남북 상하 육방에 각각 10억의 국토가
과거 현재 미래로 변화하니 180억의 국토다.
인간의 마음 안에도 10억의 국토가 있어서
과거 현재 미래로 변화하니 30억의 국토다.

이와 같이 우주에는 중생계가 무수히 많고
우주의 중심인 인간의 마음도 수없이 많다.

세계와 인간의 마음을 이와 같이 통찰하신
성인의 지혜를 어느 누가 감히 헤아리겠는가.

『아미타경阿彌陀經』에서 이와 같이 말씀하셨다.
　　여기서부터 서방으로 십만 억 불토를 지나서
　　세계가 있으니 극락이라고 이름한다.
　　그 국토에 부처님이 계시니 아미타라 부르며,
　　지금 현재도 법을 설하고 계신다.
　　또 경에서 말씀하셨다.
　　동서남북 상하의 육방에 무수한 부처님이 계신다.

우주의 세계를 앞의 경에는 삼천대천세계와
210억의 불국토가 존재한다고 말씀하시고
이 경에서는 육방의 불국토가 있다고 하셨다.
하나같이 우주에는 무량한 세계가 있는데
그곳은 성인과 그 설법을 듣는 사람들이
함께 살아가는 아름다운 세계라고 하셨다.
'지구 외에도 중생계[생명계]가 있다.'
'우주의 여러 곳에 사람이 살고 있다.' 이것은
만고의 진리를 보이신 부처님의 말씀이다.

누가 범부의 견해를 내어 믿지 않을 것인가.

3. 세계의 순환

『구사론俱舍論』에서 이와 같이 말씀하셨다.
　　세계는 성주괴공의 대겁의 순환을 반복한다.
　　성겁의 제1겁에 세계가 형성되고
　　유정[중생]들의 공업력이 인간으로 화생한다.
　　성겁의 제20겁에 인간이 거주생활을 한다.
　　주겁의 시대는 모든 생명이 활동한다.
　　괴겁의 제19겁에 유정계를 무너뜨린다.
　　괴겁의 제20겁에 자연계를 무너뜨릴 때는
　　화재와 수재와 풍재인 삼재가 일어난다.
　　공겁의 시대는 자연과 인간이 없다.

우주에는 태양계와 같은 세계가 무수히 많다.
우주는 영원하나 한 세계는 시작과 끝이 있다.
한 세계는 성주괴공의 순환을 반복한다.
성주괴공을 전체적으로 말하면 다음과 같다.

세계가 형성되는 성겁成劫
생물이 거주하는 주겁住劫
세계가 붕괴하는 괴겁壞劫
세계가 소멸한 공겁空劫이다.
각각의 겁은 제1겁부터 제20겁까지이며
네 번의 겁을 시작도 끝도 없이 반복한다.

아래서 설명하겠지만 20겁은 약 3억 년이다.
대겁은 80겁이니 약 12억 년이 된다.
현대과학에서 현재 지구의 나이는
약 45~46억 년 정도라고 추정한다.
여기에 의하면 현재의 지구는
대겁을 3번 이상 순환한 것으로 보아야겠다.

그러므로 위의 논에서 말씀하신 것도
4번째 대겁을 말씀하신 것으로 이해한다.
필자는 이와 같은 생각으로 아래 글에서
지구는 3번의 대겁을 순환하였으며
현재는 4번째 대겁의 주겁시대라고 하였다.

4번째 대겁의 주겁시대라고 산정한 이유는
지구가 탄생한 이후 약 6억 년 동안에는
생명체가 살지 않은 공겁시대였고, 그 뒤에
처음으로 대겁의 성겁시대가 시작되어
3번의 대겁을 순환하니 36억 년이 지났고
지금은 4번째 대겁의 성겁 3억 년을 지나서
주겁의 제2겁에 해당한다고 산정한 것이다.
지금의 지구의 나이는 약 45억1천만 년이고
지구의 생명의 역사는 약 39억1천만 년이다.

4. 겁의 산정

겁은 얼마나 긴 세월을 말하는 것일까.
1겁은 소겁, 20겁은 중겁이라 하고
성주괴공의 80겁은 대겁이라고 한다.
그런데 1겁은 현대의 햇수 개념으로
몇 년이나 되는지는 정확히 알기 어렵다.
겁을 산정하는 데는 세 가지 설이 있다.
첫째는 '겨자겁'이며 둘레 사십 리의 성 안에

겨자씨를 담아 두고 인간세계의 햇수로
100년마다 한 알씩 집어내 모두 없앤 기간이다.
둘째는 '반석겁'이며 둘레 사십 리의 반석을
인간세계의 햇수로 100년마다 한 번씩
흰 천으로 쓸어서 다 닳아진 기간이다.

셋째는 '증감겁'이며 주겁 동안 인간의 수명이
증감하는 것으로 20겁 동안의 기간을 합하여
20중겁의 기간으로 산정한 것을 말한다.
인간이 거주하는 주겁의 20겁 동안에
수명이 다음과 같이 늘어나고 줄어든다.
인간이 생명의 에너지로 존재하는 시대까지
8만 세에 이르고 더 이상은 늘어나지 않으며
아래로 10세에 이르러 더 줄어들지 않는다.

8만 세는 무량수無量壽라는 뜻이며
모든 생명은 본래 무아의 생명인 까닭이다.
인간은 본래 무아임을 알지 못하므로
인연으로 지은 업에 의해서 짧아지게 된
현상의 나이에 집착해 수명이 줄어든 것이다.

주겁의 시작은 인간의 나이가 8만 세였으나
100년마다 1세씩 다시 줄어서 10세에 이르니
약 800만 년이며 이것이 주겁의 제1겁이다.

제2겁부터 제19겁까지는 증감을 거듭한다.
100년마다 1세씩 늘어나 8만 세에 이르고
다시 100년마다 1세씩 줄어서 10세에 이른다.
1겁의 증감이 1600만 년이므로
18겁의 증감은 약 2억8천8백만 년이다.
제20겁은 10세부터 늘어나 8만 세에 이르니
약 800만 년의 세월이 흐른다.

위의 셋을 차례로 산정하면
제1겁은 800만 년
제2겁~제19겁은 2억8천8백만 년
제20겁은 800만 년이다.
따라서 20겁은 약 3억[3억4백만 년] 년의 세월이다.
이와 같은 계산법으로 산정하면
1소겁의 증감은 1600만 년 20중겁은 약 3억 년
성주괴공의 대겁은 약 12억 년이다.

여기서 알아야 할 것은 인간의 수명이란 지구에서 사람으로 생존할 때만이 아니라 생명의 에너지가 살아 있는 동안을 말한다. 8만 세는 무량한 수명을 수로 표한 것이고 10세는 인간의 몸을 받은 생명의 유한성과 허망함을 작은 수로 나타낸 것일 것이다.

그렇다면 인간은 8만 세와 10세의 수명을 동시에 지니고 사는 것으로 이해할 수 있다. 또 세계가 붕괴하는 괴겁을 말씀하신 것도 지구 자체의 소멸을 의미하는 것만은 아니다. 성인은 근기에 따라서 받아들일 수 있도록 모든 가능성을 열어 놓고 말씀하신 때문이다. 가능성은 현실로 드러날 때 믿음을 일으키고 현실성만이 필연의 진리성을 확보할 것이다.

제2절 만물의 근원

1. 대각의 광명

『능엄경楞嚴經』에서 이와 같이 말씀하셨다.

> 허공도 대각大覺 중에서 생겨나니
> 바다에서 하나의 거품이 일어나는 것과 같다.
> 생멸하는 무수한 국토가 모두 다
> 허공에 의지하여 생겨나는 바이다.
> 거품이 소멸하듯이 허공도 본래 없는 것이니
> 하물며 삼계의 현상들이 실체로 존재하겠는가.

대각大覺에서 허공이 생겨나고 허공에 의지하여
국토와 만물이 생성되니 대각은 그 근원이다.
대각은 바로 무량한 광명[아미타]이다.
광명은 실체가 없으면서 작용한다.
따라서 광명이 만물을 생성하지만 그들은

모두가 실체로서 존재하는 것이 아니다.
비유하면 큰 바다에 일어난 거품과 같다.
허공도 광명의 바탕 위에 나타난 것이니
하물며 허공에 의지한 국토와 만물과
삼계의 현상들이 실체로 존재하겠는가.

『원각경圓覺經』에서 이와 같이 말씀하셨다.
　가없는 허공도 각覺에서 나타난 바이다.

허공이 광대하지만 대각大覺에서 나온 것이다.
대각은 허공보다 광대한 근본이라는 뜻이다.
대각은 본각本覺이니 본래의 깨달음이다.
본래의 깨달음은 청정한 광명이다.

청정은 맑고 고요한 본성이니
번뇌와 생멸이 없기 때문이다.
광명의 광光은 스스로 밝음이요
명明은 비추는 힘[에너지]이다.
광명은 일체 만물이 소유한 덕성이다.
광명은 깨달음이요 만물의 근원이다.

광대무변한 드넓은 우주에는
청정한 광명이 무량무변하다.
광명의 바다에 세계가 생겨나
자연과 생명의 만물을 이루고
성주괴공의 순환을 반복한다.

2. 도는 허무가 아니다

『원인론原人論』에서 이와 같이 말씀하셨다.

    도의 본체는 고요하게 비추며
    신령하게[靈] 꿰뚫으니[通] 허무虛無가 아니다.

도의 본체는 마음의 근원이며
마음의 근원은 광명이다.
광명은 진여 자체의 모습이다.
도의 본체인 광명은 고요하게 비춘다.
고요함은 본성이며 비춤은 작용이다.

광명은 신령하게 꿰뚫는다.

신령하다는 것은 스스로 밝음이요
꿰뚫는다는 것은 비추어 아는 것이다.

도의 본체요 마음의 근원이며
진여眞如 자체의 모습인 광명은
스스로 밝고 비추며 아는 능력이 있으니
도는 텅 빈 허무가 아니다.

3. 중생들의 공업력, 생명의 에너지

『구사론』에서 이와 같이 말씀하셨다.
> 허공에 중생[有情]들의 공업력共業力이 있어서
> 장차 세계를 이룬다.

[논]에서 밝힌 중생들의 공업력共業力은
색계色界의 제4선천과 무색계無色界에 존재하는
청정한 생명의 에너지[energy]를 말한다.
공업력이란
중생들이 공동으로 지은 업력[Karma]을 말한다.

세상에서 번뇌와 욕심을 멀리하고
사선四禪과 팔정八定의 선정을 닦으면
내생에는 4선천과 무색계에 태어난다.
그들 중에 제4선천 이상에 머무는 것은
매우 청정한 업력이어서 괴겁의 삼재에도
소멸되지 않고 허공에 가득하다.

중생들의 청정한 공업력은
청정한 생명의 에너지며 곧 광명을 말한다.
청정한 생명의 에너지인 광명은
물리적 정신적 에너지를 모두 머금고 있다.
지수화풍 사대의 성질과 색깔 소리 냄새 맛
촉감 등의 모든 에너지를 포함하고 있다.
또 몸과 입과 뜻으로 지은 업력 등을 머금고
만물을 생산할 수 있는 능력을 지니고 있다.
광대한 허공에는 중생들의 청정한 공업력인
청정한 생명의 에너지가 무량무변하다.
청정한 생명의 에너지는 무량한 광명이다.
광명은 만 가지 덕을 머금고 만물을 창조한다.
광명은 모든 생명을 낳는 생명의 에너지다.

4. 광명이 국토를 이룬다

『능엄경』에서 이와 같이 말씀하셨다.

  상상[想]과 맑음[澄]이 국토를 이루고
  지각知覺하면 중생을 이룬다.

상상은 광명의 비춤이며 맑음은 그 본성이다.
청정한 광명인 생명의 에너지가 인연에 따라
상상이 시들고 맑음이 응결하여 변화하면
티끌과 대지와 산림 등의 국토를 이룬다.
'상상이 시들고 맑음이 응결함'이란
광명이 굳어진 입자粒子의 물질을 말한다.

생명의 에너지가 몸을 받아 심식과 화합하여
대상을 인식하고 느끼면 중생이라 이름한다.
광명은 만덕을 머금었으니 만물을 창조하고
영원한 실체가 없으니 모든 변화가 가능하다.

광명이 어떻게 물질로 변화했는가.
허공에는 청정한 광명인 생명의 에너지가

아지랑이처럼 반짝이며 고요하게 비추었다.
광명은 본래 스스로 밝음뿐인데
너무 밝아서 비추는 작용[明]이 일어난다.
그 비춤으로 인하여 홀연히 미혹하여
고요함이 깨지고 혼돈의 상태가 되었다.

그때 밝은 광명에 홀연히 무명이 생겨났다.
무명으로 인하여 광명이 서로 부딪치게 되니
점차 그 비춤이 시들고 맑음이 응결하였다.
광명이 변화하여 무수한 티끌들이 생기고
티끌들이 화합하여 무량한 입자를 이루었다.
광명이 무명의 업을 지어 물질이 생긴 것이다.
비로소 허공에는 광명과 물질이 공존하였다.

결론적으로 자연과 생명의 근원은 광명이며
그 무량한 광명을 아미타[Amita]라 이름한다.
만유의 근원은 아미타요 만물은 그의 연기다.
그러므로 세계와 인간의 존재방식을 관하고
염불[念淨土]하는 법을 아미타로 삼은 것이다.

제3절 별들의 세계

1. 별들의 탄생

맑고 밝은 가을날에 밤하늘을 바라보면
헤아릴 수 없는 별들이 무리지어 반짝이고
때로는 허공을 가로질러 화살처럼 날아간다.
저 별들은 무엇이 어떻게 생성되어
지금의 모습으로 존재하고 있을까.
은하계는 끝이 있는 것일까 없는 것일까.
세계는 동시에 생겼을까 점차로 생겼을까.

신의 창조설 자연설 어떤 논리로 설명해도
현실에서 증명할 수 없다면 그것은 가설이다.
단지 성인의 말씀과 과학의 이론에 의하여
다음과 같이 가능성으로 추측할 뿐이다.

수많은 별들이 생겨나기 전에 허공에는
청정한 광명과 그 광명이 굳은 물질들과
기존의 별들에서 생성된 원소들이 가득했다.
한때 고도로 긴장된 허공에서 갑작스럽게
큰 폭발이 일어나 무수 무량한 물질들이
쏠리듯 화합하고 융합하며 강력히 응집하여
삽시간에 하나의 별이 탄생하였다.

최초에 형성된 별들은 뜨거운 열을 내며
허공을 비행하거나 제자리에 떠 있었다.
광대한 허공에 하나의 별이 생기는 동시에
연쇄적으로 생겨나서 한 세계를 이루었다.
지금도 우주의 어느 공간에서는 하나의 별
하나의 세계가 형성되고 머물고 소멸하는
성주괴공의 역사가 진행되고 있을 것이다.

2. 태양의 탄생

태양이 있기 전에도 아득히 먼 허공에는

무수한 별들이 무리지어 반짝이고 있었다.
한때 허공에서 별안간 큰 폭발이 일어나고
진동과 함께 무서운 폭풍이 일어났다.
곧 허공의 무수한 입자들이 휘몰아치며
한곳으로 쏠리듯 세차게 빨려 들어갔다.

엄청난 물질들이 응집하고 융합하는 순간
연달아 폭발이 일어나며 불길이 타올랐다.
극적으로 태양이 탄생하는 순간이었다.
태양은 아무 일이 없었다는 듯이 의연하게
허공에 앉아서 온 세계를 환하게 비추었다.

3. 태양계의 행성들

태양은 원형의 거대한 몸체를 형성하여
강력한 중력을 지니고 먼지들을 불태우며
제자리에서 안정되게 천천히 회전하였다.
태양이 탄생한 뒤에도 별들이 생성되었고
지구와 행성들도 이 무렵에 탄생하였다.

태양은 강력하고 질긴 중력의 끈으로
행성들을 묶어두고 그들을 밝게 비추니
그들은 태양계의 영원한 가족이 되었다.
행성들은 구심력과 관성력에 의지하여
공전의 궤도를 안전하게 비행하고 있다.

태양계의 행성들은 태양과의 거리 순서로
수성 금성 지구 화성 목성 토성 천왕성 해왕성
이렇게 여덟 형제가 적당한 거리를 두고
태양 주위를 끊임없이 회전하고 있다.
수십억 년 동안 서로가 부딪친 적이 없으니
다툼 많은 인간사와 비교할 것이 아니다.

4. 지구와 달

지구의 탄생 과정은 다른 행성들과 같다.
허공에 가득한 광명과 광명이 굳은 물질과
기존의 별들에서 생성된 갖가지 원소들이
한때 화합하고 융합하여 강력히 응집하면서

불덩어리의 둥근 공 모습으로 탄생한 것이다
현대과학에서 지구는 약 46억 년 전에
형성된 것으로 추정하고 있다. 그런데
지금도 세계의 곳곳에서 화산이 폭발하며
용암이 흘러내리는 모습을 볼 수가 있으니
최초에는 얼마나 뜨거운 불덩어리였는지를
가히 짐작할 수 있을 것이다.

불덩어리 지구는 다행히 자전과 공전이라는
은혜 덕분에 점차 뜨거운 열기가 식어갔다.
지구가 태양의 주위를 안전하게 돌고 있을 때
한때 하늘에서 돌발적인 사고가 발생하였다.

허공에서 정처 없이 비행하던 한 소행성이
지구의 위쪽 부분에 부딪치게 된 것이다.
그 사고로 지구는 기울어져 회전하였지만
소행성은 지구를 공전하는 달이 되어서
태양계를 동행하는 것으로 화해하였다.

달은 크기가 지구의 1/4이고 중력은 1/6이다.

지구에서 달의 뒷모습을 볼 수 없는 것은
달의 자전과 공전의 주기가 같기 때문이다.
밀물과 썰물을 하루에 두 번 보는 것은
인력引力과 원심력遠心力이 작용하기 때문이다.

5. 세계가 일어나는 원리

태초에 광대하고 가없는 우주에는
생명의 에너지인 광명이 무량하였다.
한때 광명이 대상을 고요히 비추고
홀연히 미혹하여 무명이 생겨났다.
무명으로 인하여 고요함이 깨지고
상대와 부딪치는 무명의 업을 지었다.
무명의 업력이 광명을 견고하게 하니
물질이 생겨나서 점점 응결하였다.
광명과 물질들이 부딪치고 융합하여
별들과 태양과 지구를 창조하였다.
이것이 세계가 일어나는 시초와
존재의 방식을 이해하는 관문이다.

제4절 지구의 존재방식

1. 지구의 시초

『능엄경』에서 이와 같이 말씀하셨다.

> 각覺의 명明과 허공의 어둠[昧]이
> 서로 마주하여 흔들림이 일어났으므로
> 풍륜風輪이 생겨서 세계를 잡아 지탱한다.
>
> 허공을 인하여 흔들림이 생기고
> 명을 견고하게 하여 물질이 형성되었다.
> 저 금보金寶는 명이 된 각이
> 견고한 물질을 이루었으므로
> 금륜金輪이 생겨서 국토를 보전하고 지닌다.
>
> 각을 견고하게 하여 금보가 이루어지고
> 명을 흔들어 바람이 일어나게 되었다.

바람과 금보가 서로 마찰하게 되니
화광이 생겨서 변화하는 성품이 되었다.
금보의 명은 습기를 내고
화광은 위로 오르게 하므로
수륜水輪이 생겨서 시방세계를 모두 적신다.

화기火氣는 오르고 수기水氣는 내리니
서로 교차하며 부딪쳐서 견고해지는데
젖은 것은 큰 바다가 되었고
마른 것은 사주四洲가 되었다.
이러한 뜻으로 말미암아
저 큰 바다에는 불빛이 항상 일어나고
저 사주에는 강물이 항상 흘러간다.

수기의 세력이 화기보다 약하면
응결하여 높은 산이 된다.
그러므로 바위를 치면 불꽃이 일어나고
끓어오르면 물이 생기는 것이다.
지기地氣의 세력이 수기보다 약하면
뽑혀 나와서 초목이 된다.

> 그러므로 수풀이 불을 만나면 흙을 이루고
> 쥐어짜면 물이 나오는 것이다.
> 헛됨을 서로 교차함이 발생하여
> 차례차례로 전하여 보낸 모습이
> 종자種子가 되는 것이다.
> 이러한 인연因緣으로 세계가 상속한다.

지구는 최초에 어떻게 형성되었을까.
광대한 우주에는 광명이 무량하였다.
광명은 본래 스스로 밝음뿐인데
너무 밝아서 비추는 작용이 일어났다.

한때 광명이 허공의 물질을 비추면서
홀연히 미혹하여 무명이 생겨났다.
무명을 인하여 흔들림이 일어나니
광명과 허공의 물질이 부딪치고 요동하며
세찬 바람의 풍륜風輪이 생겨나게 되었다.

이때부터 미혹한 광명이 굳어 견고해지고
허공의 물질들과 융합하고 강력히 응집하니

비로소 지구의 몸체가 탄생하게 된 것이다.
지구의 몸체는 허공의 물질들과 마찰하며
불태우고 고압으로 수축하여 점점 커져갔다.
지구는 적정한 질량으로 몸체가 형성되자
열두 달 동안 공전의 궤도를 벗어나지 않고
행성들과 함께 허공을 안전하게 비행하였다.

지구는 층마다 양질이 다른 물질들이
거대한 수레바퀴 모양으로 형성되어 있다.
풍륜 사주 수륜 금륜을 말한다.

이와 같이 형성된 지구는 태양의 햇볕을 받아
화합하고 변화하며 아름답게 장엄하였다.
인간을 비롯한 모든 생명들은 음양의 조화로
자신과 닮은 종자를 낳아서 번식하였다.

2. 2600년 전에 생각한 지구의 모습

지금으로부터 2600년 전에 선각자들이

생각한 지구의 모습은 어떠했을까.
지구는 대접[그릇]을 엎어 놓은 모양으로
위는 평편하며 아래가 넓어 안정감이 있다.
맨 아래는 세찬 바람이 원형으로 돌면서
지구를 떠받치고 있는데 풍륜이라 한다.

지구 위의 높은 하늘에는 광명의 에너지가
두꺼운 층을 이루어 겹겹으로 쌓여 있는데
광명의 바퀴라는 뜻으로 금륜이라 한다.

금륜 아래는 구름층이 있어 비를 내리고
맑은 물이 고여 있는 층을 수륜이라 한다.
수륜의 아래에 지구가 위치하고 있는데
큰 바다와 네 대륙인 사주로 이루어져 있다.

2600년 전에 지구의 모습은 아래서부터
풍륜 사주 수륜 금륜으로 이루어져 있다.
지구는 풍륜 위에 앉아서 허공에 떠 있고
그 위로 해와 달이 돌면서 번갈아 비춘다.

위의 지구 모습은 대접의 모양이므로
우리가 지금 알고 있는 '지구는 둥글다'
'천체가 도는 것이 아니라 지구가 돈다.'는 것과
크게 다르다고 생각할 수 있겠다.
그러나 아래서부터 풍륜 사주 수륜 금륜이
겹겹으로 쌓여 있는 지구의 모습은
어느 위치에서든지 상상할 수 있을 것이다.
지구는 둥글지만 사람이 수평선을 바라보면
평면으로 보게 된다는 뜻이다.
이와 같이 상상하면서 지구를 관찰한다면
선각자들의 놀라운 지혜를 발견할 것이다.

3. 풍륜

경에서 이와 같이 말씀하셨다.

　　각의 명明과 허공의 어둠[昧]이

　　서로 마주하여 흔들림이 일어났으므로

　　풍륜이 생겨서 세계를 잡아 지탱한다.

『구사론』에서 이와 같이 말씀하셨다.

> 공계에 큰 바람이 일어나니
> 너비는 무량이요 두께는 십육 낙차[億]라
> 금강으로도 무너뜨릴 수 없으니
> 지계풍持界風이라고 이름하는 것이다.
> 기세계器世界를 안전하게 세우는 데는
> 풍륜이 기세계의 제일 아래에 있다.
> 유정의 업감業感이 바람의 힘으로 말미암아
> 지지되어 흘러 쏟아지지 않게 하는 것이
> 마치 바퀴살이 바퀴통을 지지하는 것과 같다.

풍륜은 지구가 최초에 형성될 때 생겨나서
지구의 아래를 떠받친 큰 바람을 가리킨다.
한때 광명이 허공의 물질[어둠]을 비추면서
홀연히 미혹하여 무명이 생겨났다.
무명을 인하여 흔들림이 일어나니
광명과 허공의 물질이 부딪치고 요동하며
세찬 바람의 풍륜이 생겨나게 되었다.

이때부터 미혹한 광명이 굳어 견고해지고

허공의 물질들과 융합하고 강력히 응집하니
비로소 지구의 몸체가 탄생하게 된 것이다.
풍륜은 지구의 몸체를 받치고 세차게 돌았다.

풍륜은 체성이 매우 견고하고 정밀하여
기세계[자연계]를 잘 지니고 유정의 업감[행위]을
안전하게 보호하므로 지계풍이라고 한다.
지구의 제일 아래는 세계를 안전하게 세우는
세차고 큰 바람이 끊임없이 불고 있다.

지금도 지구에 풍륜이 작용하고 있다.
지구는 태양의 중력에 끌려 달아나지 못하고
세찬 바람을 일으키며 태양의 둘레를 돈다.
지구의 자전과 공전은 거대한 풍륜을 형성해
매우 빠른 속도로 허공을 비행하고 있다.
지구 바깥에 큰 바람이 불고 있다는 것을
옛 선각자는 이미 알고 있었던 것이다.

4. 금륜

경에서 이와 같이 말씀하셨다.
    허공을 인하여 흔들림이 생기고
    명을 견고하게 하여 물질이 형성되었다.
    저 금보金寶는 명이 된 각이
    견고한 물질을 이루었으므로
    금륜이 생겨서 국토를 보전하고 지닌다.

『구사론』에서 이와 같이 말씀하셨다.
    광명과 소리를 머금은 금장운金藏雲이
    널리 펼쳐져 삼천세계에 미치고
    비가 수레 축처럼 돌면서 내리는데
    바람이 그치면 소리가 들리지 않고
    비도 내리지도 않으며 깊이가 십일 낙차라
    비로소 금강계金剛界를 이루었다.

금륜은 지구의 상공에 무량한 광명이
견고한 물질로 변하여 형성된 층이다.
견고한 물질 또는 금보金寶란

광명이 굳은 입자를 말하는 것이다.
각은 본래 밝음뿐인데 비춤으로 인하여
명이 된 각이 견고한 물질을 이룬 것이다.
금륜은 넓고 깊어 지구를 덮고도 남는다.
금륜이 '국토를 보전하고 지닌다.'는 것은
자연과 생명과 에너지를 보호하는 것이다.

금륜의 하층부에는 구름이 형성되었는데
광명과 하늘의 소리를 머금은 구름이
허공에 널리 펼쳐져 시방에 미치도록
수레 축처럼 돌면서 골고루 비를 내린다.
바람이 그치면 구름이 모이지 않기 때문에
비가 내리지 않고 소리도 들리지 않는다.
소리가 들리지 않는 것은 지구에 살고 있는
중생들의 소리를 풍륜이 차단하기 때문이다.
비로소 지구를 감싸고 국토를 보전하는
견고한 하늘 층인 금강계가 완성되었다.

지금도 지구의 상공에 금륜이 있다.
대기권은 대류 성층 중간 열권이 있는데

금륜은 성층권 이상의 하늘을 말한다.
성층권 이상은 청정한 광명의 물질이다.
맑고 밝은 하늘이 겹겹으로 이루어져
자연과 생명과 에너지를 보전하고 지닌다.

5. 수륜

경에서 이와 같이 말씀하셨다.
    금보의 명은 습기를 내고
    화광은 위로 오르게 하므로
    수륜水輪이 생겨서 시방세계를 모두 적신다.

『구사론』에서 이와 같이 말씀하셨다.
    금장운에서 비를 내려 그 안에 가득하니,
    먼저는 범왕계梵王界 내지 야마천을 이루고,
    바람이 잔잔하면 물을 맑게 하여
    수미산과 칠금산 등을 이루었네.

수륜은 지구의 상공에 청정한 물이

가득하게 고여 있는 하늘 층을 가리킨다.
광명의 본성이 맑으므로 맑음이 극에 달하면
습기를 내어 구름을 형성하고 비를 내리니
청정한 광명의 물이 고여 수륜을 이룬다.
수륜은 지구의 시방을 적시는 역할을 한다.

광명을 머금은 금장운에서 비를 내리니
여러 연못에 청정한 물이 가득히 고였다.
맑은 물 위아래로 천상계가 이루어졌는데
먼저 범왕계로부터 야마천까지를 말한다.

범왕계는 색계 초선천의 하늘세계이며
야마천은 욕계 세 번째의 하늘세계이다.
맑은 물이 응결하여 수미산과 칠금산 등
청정하고 밝은 금빛 산들이 이루어졌다.
수미산 칠금산은 수륜에 솟은 높은 산이다.

지금도 지구의 상공에 수륜이 있다.
대류권의 구름층 아래 비가 내리는 곳이다.
비가 내리지 않아도 습기가 가득한 하늘이다.

지구상에 신선이 살 것 같은 높은 산들은
구름을 허리에 두르고 맑은 물이 흐르며
하얀 눈 햇살 가득한 금빛 산임을 알 것이다.

6. 천상계와 대기권

천상계와 대기권을 서로 비교하며
그 모습과 성질과 작용을 살펴보자.
이는 가능성과 현실성을 조화롭게 이해하고
선각자의 지혜와 과학자의 지식이
전혀 별개가 아님을 알게 하기 위함이다.

대기권은 높이가 약 1000km 정도이며
대류권 성층권 중간권 열권 등으로 나눈다.
천상계는 28천으로 이루어져 있는데
욕계의 6천 색계의 18천 무색계의 4천이다.

욕계의 6천은 아래서부터 사왕천 도리천
야마천 도솔천 화락천 타화자재천이다.

사왕천은 수미산 허리에 위치하고
도리천은 수미산 정상 부근에 있다.
두 하늘은 땅에 걸려 있는 천상계이다.

사왕천과 도리천은 지상 10km 정도까지의
대류권對流圈 안에 위치한 하늘세계이다.
사왕천의 동서남북 왕들은 진리를 옹호하고
중생의 선악을 관찰하며 큰 힘을 발휘한다.
도리천은 풍광이 장엄하여 아름답고
신들이 많으며 변화를 헤아리기 어렵다.
두 하늘의 모습과 작용은 대류권과 흡사하다.
사왕천과 도리천은 대류권에서 일어나는
자연의 위력과 아름다움과 기상변화의
묘함을 상징하고 인격화한 천상계일 것이다.

욕계의 세 번째 하늘세계인 야마천부터
도솔천 화락천 타화자재천까지는
허공에 있는 세계이며 구름에 싸여 있다.
천인들을 묘사할 때 구름을 타고
자유롭게 다니는 모습을 연상하면 알 것이다

욕계의 천상계는 구름층에서 비를 내려
수륜을 이루고 시방세계를 적신다.
욕계의 구름층에 위치한 천계의 작용은
대류권 구름층의 역할과 흡사하다.

색계의 사선천四禪天 중에 초선천인
범중천 범보천 대범천을 범왕계梵王界라 부른다.
이 천계는 구름층이 생겨날 때 형성되었지만
청정한 생명의 에너지인 까닭에
욕계의 생명들과 화합하지 않는다.
그러므로 물질의 구름층에 살지 않고
지상 10~50km에 형성된 성층권成層圈에서
청정한 환경의 은혜로 살아갈 것이다.
색계의 이선천 삼선천 사선천에 해당하는
생명들은 당연히 성층권에서 살 것이다.
성층권은 구름층 위에 항상 맑고 밝아서
비행기의 항로를 제공하는 하늘이다.
색계는 성층권의 성질처럼 청정한 광명이다.

무색계의 4천에 사는 생명들은

지상 50~80km에 이루어진 중간권中間圈에서
생명력을 유지해 나아갈 것이다.
무색계는 맑고 고요한 광명으로 중간권과 같다.
중간권은 기온이 매우 낮은 것이 특징이다.

열권熱圈은 대기권의 가장 높은 하늘이며
지상 80~1000km에 달하는 깊은 층이다.
열권은 온도가 400~2000도에 이르는 열기로
생명의 에너지가 살 수 없는 조건이다.
저온에서는 생명력이 유지되지만
고온에서는 불에 타 살 수 없기 때문이다.
열권은 금륜과 같이 광명으로 빛나며
지구를 잘 보전하는 역할을 한다.

금륜은 성층권 이상의 하늘이요
수륜은 대류권의 구름층 아래네.
욕계의 사왕천은 수미산 허리에
도리천은 수미산 정상에 걸렸네.
욕계의 천상계는 구름층 세계요
색계의 십팔천은 성층권에 있네.

무색계의 사천은 중간권에 있고
열권에는 뜨거워 생명이 없다네.

7. 사주

경에서 이와 같이 말씀하셨다.
　　화기火氣는 오르고 수기水氣는 내리니
　　서로 교차하며 부딪쳐서 견고해지는데
　　젖은 것은 큰 바다가 되었고
　　마른 것은 사주四洲가 되었다.
　　이러한 뜻으로 말미암아
　　저 큰 바다에는 불빛이 항상 일어나고
　　저 사주에는 강물이 항상 흘러간다.

『구사론』에서 이와 같이 말씀하셨다.
　　흐려진 것은 산과 땅이 되어
　　사주四洲와 지옥을 이루고
　　짠물의 바다 바깥에는
　　수레바퀴처럼 둘러싸고 있다.

> 비로소 기세계라 부르는 것이 생성되고
> 시간은 한 번의 증감을 경과하였다.
> 게송에서 '바다 바깥에
> 수레바퀴 같은 산은 철위산이니
> 동서남북 사주의 대륙이네.'라고 하였다.

사주四洲는 지구의 동서남북에 위치한
거대한 대륙을 가리키는 것이다.
지구는 최초에 탄생할 때 견고한 광명과
허공의 물질들이 부딪치며 화합하고
강력하게 응집하고 수축하여 형성되었다.

이때 광명이 굳은 물질이 먼저 모여들었다.
광명이 굳은 물질은 금속 성질로 무거우니
점차 중심부로 가라앉아 지구의 핵이 되었다.
지구의 핵은 뜨거운 열기를 품은 금속성으로
가끔씩 불꽃을 내뿜으며 화산으로 돌변한다.

금속류가 중심으로 이동한 뒤에 남은 것들은
높고 낮은 산과 들판에 바위와 돌이 되었다.

바위와 돌이 부서지고 먼지들이 모여서
곳곳에 평야와 평편한 대지를 만들어갔다.

하늘에서는 뜨거운 햇볕이 내리 쬐이고
때때로 구름층 아래 수륜에서 비를 내렸다.
화기는 따뜻하여 위로 올라가고
수기는 차가워서 아래로 내려온다.
이와 같은 대류對流현상으로 인하여
화기와 수기가 교차하며 부딪쳐서
입자를 이루고 견고한 물질이 되었다.

오랜 세월 동안 대류현상의 영향과
풍화작용에 의해 마르고 부서진 물질은
흙이 되어 평원과 대륙이 형성되었다.
습한 기운과 강물이 모여 바다를 이루고
오랜 복사열로 점차 짠물로 변하였다.
'바다에는 불빛이 항상 일어나고
육지에는 강물이 항상 흘러간다.'는 것은
거대한 대류현상을 나타낸 것이다.

동서남북의 큰 대륙은 사주四洲이다.
수미산을 중심으로 사방에 위치하니
동쪽에 승신주勝身洲요 남쪽에 섬부주贍部洲다.
서쪽에 우화주牛貨洲요 북쪽에 구로주瞿盧洲다.
바다 바깥에 수레바퀴처럼 둘러싼 것은
금륜까지 이르는 높은 철위산鐵圍山이며
그 아래로 동서남북 사주의 대륙이 있다.

대륙과 바다의 모습이 나타나니
비로소 국토인 자연계가 생성된 것이다.
대륙과 바다가 이루어진 기간은
일 증감의 겁인 1600만 년이다.

동서남북 사주는 지구의 대륙이다.
수미산을 중심으로 사주가 있고
바다 멀리 바깥에 철위산이 있는데
그 산 아래 네 개의 대륙이 있으니
사주는 공간적으로 떨어져 있지 않다.
섬부주의 땅은 삼각형이라고 전해 오고
석가모니부처님은 섬부주의 교주이시다.

그러므로 섬부주는 인도의 대륙이며
수미산은 인도의 북쪽 높은 산이다.
사주는 지구의 대륙을 말하는 것이다.

수미산은 하얀 히말라야산이요
동쪽에 승신주는 아메리카 대륙
남쪽에 섬부주는 인도 대륙이다.
서쪽에 우화주는 아프리카 대륙
북쪽에 구로주는 중국 대륙이다.
바다 바깥을 둘러 있는 철위산은
수평선 저 멀리 대륙의 산들이다.

8. 햇볕

경에서 이와 같이 말씀하셨다.

> 화기火氣는 오르고 수기水氣는 내리니
> 서로 교차하며 부딪쳐서 견고해지는데
> 젖은 것은 큰 바다가 되었고
> 마른 것은 사주四洲가 되었다.

이러한 뜻으로 말미암아
저 큰 바다에는 불빛이 항상 일어나고
저 사주에는 강물이 항상 흘러간다.

태양의 강렬한 빛은 대기권을 통과하여
에너지를 공급하고 만물에 열기를 전달한다.
열기를 전달하는 과정은
전도傳導 복사輻射 대류對流가 있다.

열전도는 물체의 따뜻한 부분에서
차가운 부분으로 열이 전달되는 현상이다.
열전도는 만물을 성숙시키는 역할을 하고
갖가지 생활방식에 유용하게 적용된다.

열복사는 고온의 물체에서
열에너지가 방출되는 현상이다.
경에서 '바다에 불빛이 항상 일어난다.'는 것은
열복사의 현상을 가리키는 것이다.
맑은 봄날 햇볕이 강하게 쬐일 때
지면에 아지랑이가 피어오르는 것과 같다.

대류는 액체나 기체가
아래의 따뜻한 부분은 위로 올라가고
위의 차가운 부분은 아래로 내려오면서
온도가 전체적으로 고르게 되는 현상이다.
경에서 '화기는 오르고 수기는 내린다.'는 것은
대류현상을 가리키는 것이다.
대류현상은 난류暖流 육풍陸風 해풍海風
날씨 등 기상상태의 요인이 된다.
'바다에는 불빛이 항상 일어나고
대륙에는 강물이 항상 흘러간다.'는 것은
지구상에 끊임없이 순환하고 있는
거대한 대류현상을 나타낸 것이다.

강한 대류현상은 바위나 돌이 부서지는
풍화風化 작용을 동반한다.
경에서 '부딪쳐서 견고해진다.'는 것은
풍화 작용을 일컫는 것이다.
햇볕은 풍륜 금륜 수륜 대륙과 더불어
지구를 구성하는 근본이다.
또 물질의 근본요소인 화기火氣의 원천이다.

9. 사대의 연기

경에서 이와 같이 말씀하셨다.
>수기의 세력이 화기보다 약하면
>응결하여 높은 산이 된다.
>그러므로 바위를 치면 불꽃이 일어나고
>끓어오르면 물이 생기는 것이다.
>
>지기地氣의 세력이 수기보다 약하면
>뽑혀 나와서 초목이 된다.
>그러므로 수풀이 불을 만나면 흙을 이루고
>쥐어짜면 물이 나오는 것이다.
>
>헛됨을 서로 교차함이 발생하여
>차례차례로 전하여 보낸 모습이
>종자種子가 되는 것이다.
>이러한 인연因緣으로 세계가 상속한다.

만물은 흙 물 불 바람의 성질인 사대四大와
심식心識을 근본 요소로 형성된다.

사대는 만물에 널리 내재하는 까닭에
보편적인 성질이므로 크다는 뜻이다.

흙은 견고한 성질인 지기이며
물은 윤습한 성질인 수기이며
불은 뜨거운 성질인 화기이며
바람은 허공의 성질인 공기이다.

사대는 각각 홀로 존재하는 것이 아니라
하나가 셋을 안고 있는 융통한 관계로 있다.
흙은 물과 불과 바람을 포함하고 있으며
나머지 셋도 그러한 관계로 존재하는 것이다.

모든 물질은 사대와 사대의 성질로 이루어진
색 소리 냄새 맛 촉감 법처색과 정근색이다.
법처색法處色은 의식 중의 표상表象을 말하고
정근색精根色은 육근의 정밀한 색을 말한다.

모든 사물은 걸림이 있고 방향과 장소가 있다.
실제의 경계로 삼을 수 있는 것은 사진四塵이며

지수화풍 사대의 물질[色]과 냄새[香] 맛[味] 촉감[觸]
네 가지 요소가 화합한 사물을 말하는 것이다.

모든 사물은 사대의 화합물 또는 융합물이다.
둘 이상의 재료로 형성된 사물은 화합물이다.
둘 이상의 성질들이 화합하고 녹아서
새로운 물체가 생성된 것은 융합물이라 한다.

어떤 원인에 의하여
갖가지 요소들이 화합和合하거나
여러 가지 성질들이 융합融合하여
새로운 물체가 생겨나는 것을
인연생기因緣生起 또는 연기緣起라 하고
또 연기의 법칙이라고도 한다.

연기는 어떻게 성립되는가.
첫째
연기는 만물의 근본이 가능태可能態이기 때문이다.
만물의 근본은 생명의 에너지로서
인연을 만나면 화합하여 그 무엇으로 생겨날

가능태이기 때문에 연기가 성립된다.

둘째

연기는 만물의 근본이 공성空性이기 때문이다.
만물의 근본은 광명이며 광명의 본성은
공성이기 때문에 연기가 성립된다.
모든 물질의 성품은 공성이므로
자신의 고유한 성질을 지키지 않고
인연에 따라 화합하고 융합한다.
모든 물질은 공성이므로 연기가 성립하고
연기는 모든 물질이 공성임을 증명한다.

셋째

연기는 만유인력萬有引力 때문이다.
질량을 가진 모든 물체 사이에서
서로 끌어당기는 힘이 작용하는
만유인력 때문에 연기가 성립된다.

넷째

연기는 동질끼리의 화합성和合性 때문이다.
동질의 에너지를 가진 물질은
서로 향하며 화합하려는 성질인
화합성 때문에 연기가 성립된다.

경에서 말씀하신 것처럼
바위와 초목 등 만물은 사대로 이루어지고
지기 수기 화기 공기의 세력에 따라 변화한다.
생물은 암수가 교차하여 종자를 이룬다.
인간은 사대와 심식이 융합하여 몸을 이룬다.
욕망을 인하여 남녀가 서로 교차하여
차례로 정혈을 보내고 심식이 융합하여
그들과 비슷한 자식을 낳아 종족이 번성한다.
이러한 인연으로 세계가 상속된다.

연기는 가능성이 아니라 현실성이며
필연적으로 실현되는 진리성을 확보한다.
연기는 본래 그러한 법칙이며 만고의 진리다.

제5절 지구의 생명들

1. 생명의 기원

지구상에 수많은 생명의 기원은 무엇일까.
그것이 증명되지 않고 알기 어렵기 때문에
종교와 과학의 주장이 현저히 다르게 되고
개인의 연구도 많으며 지금도 진행 중이다.
생명의 기원과 진화에 대하여 대표적인 것은
유일신의 창조론, 진화론의 자연선택 이론,
진화론의 유전자 이론, 불교의 연기론 등이다.
이 네 가지 이론의 대략을 알아본 뒤에
불교의 생명관에 대해 자세히 해설할 것이다.

① **유일신의 창조론**
유일신의 창조론은 종교의 세계관에 속하며
세계와 모든 생명은 유일신에 의해 창조되어

그 섭리에 의해 존재하게 된다는 것이다.
가장 잘 알려진 『성경』의 [창세기 1장]을
요약하여 창조론의 예를 들면 이와 같다.

> 태초에 하나님이 천지를 창조하였다.
> 땅이 혼돈하고 공허하며 흑암이 깊음 위에 있고
> 하나님의 신은 수면 위에 운행하였다.
> 하나님이 빛이 있으라 하니 빛이 있었고
> 그 빛이 하나님이 보기에 좋았다. 하나님이
> 빛과 어둠을 나누어 빛을 낮이라 부르고
> 어둠을 밤이라 불렀다.
> 저녁이 되고 아침이 되니 이는 첫째 날이다.
> 제2일에 하나님이 물 가운데 궁창穹蒼을 만들어
> 궁창 아래의 물과 궁창 위의 물로 나뉘게 하고
> 궁창 위를 하늘이라 불렀다.
> 제3일에 물을 한곳으로 모아 땅과 바다로 나누고
> 땅은 종류대로 나무와 풀과 채소를 내게 하였다.
> 제4일에 하늘에 광명이 있어 주야를 나뉘게 하고
> 그것들로 징조와 계절과 날과 해를 이루게 하며
> 두 개의 큰 광명을 만들어서 큰 광명으로 낮을,

작은 광명으로 밤을 주관하게 하며
또 별들을 만들어서 땅을 비추게 하였다.
제5일에 모든 물고기와 모든 새를 창조하였다.
제6일에 땅의 모든 가축과 짐승을 창조하고
하나님이 사람을 만들어서 그들로 하여금
바다의 물고기와 하늘의 새와 가축과 온 땅과
땅에 움직이는 모든 것을 다스리게 하려고
하나님이 자기 형상대로 사람을 창조하되
남자와 여자를 창조하였다.
이로써 천지와 만물이 모두 이루어졌다.

『성경』의 창조론에 의하면 우주의 중심은
지구이며 태양과 달과 별과 낮과 밤은 모두
지구를 위해 만들어진 것이다. 모든 식물과
모든 동물은 신의 뜻에 의해 만들어졌다.
모든 생명은 현재의 모습대로 창조되었고
신의 뜻에 의하여 모습과 성질을 유지하고
유전자를 전하여 자손이 번성하게 된다.
사람은 하나님이 흙으로 빚어서 그 코에
생기生氣를 불어 넣으니 생령生靈이 되었으며

동물 중에 본래 유일한 직립인直立人이었다.

창조론에 의한 세계와 생명의 일체는 신이
자신의 뜻대로 창조하고 지배하는 것이다.
창조론에서는 만물의 근원이 무엇인가를
알 수가 없고, 단지 사람의 몸속에 성령이
작용한다는 것을 믿음으로 받아들일 뿐이다.

창조론을 이해하려는 것은 무모한 일이다.
피조물인 인간이 창조주인 절대자의 섭리를
헤아려보려고 시도하는 것이기 때문이다.
창조론은 오직 믿음으로만 통하는 것이며
믿음을 갖지 않으면 전설에 불과한 것이다.
그러나 창조론은 과학이 그것을 부정하는
검증 가능한 근거를 제시하지 않는 동안에는
계속 유지될 것이다. 믿음이란 합리적이고
과학적인 사고와는 다른 것이기 때문이다.

대개 어떤 세계관에 의심을 갖게 되더라도
스스로 안심을 얻고 자신에게 이익이 있으면

그 믿음을 버리지 않는 것이 일반의 심리다.
그러므로 합리적인 세계관의 전법과 더불어
시대상에 부응하는 사회적 회향을 실천하는
종교라야 역사 중에 생명력을 유지할 것이다.

② **진화론의 자연선택 이론**
진화론의 자연선택 이론은 영국의 박물학자
찰스 다윈(1809~1882)이 1859년에 최초로
발표하고 여러 번의 수정을 거듭한 끝에
완성한『종種의 기원』에서 주장한 이론이다.
모든 생물은 처음부터 현재의 모습이 아니라
자연환경의 영향을 받으며 아주 느리게
변이變異하는 역사를 거쳐서 지금에 이르렀다.

모든 생명체는 환경에 적응하기 위하여
변이하는 과정에서 여러 모습으로 나뉘고
그 모습과 성질을 후손에 전하여 지금의
모습과 특성을 지니고 존재하고 활동한다.
여기서 변이는 자연선택으로 결정된다.

자연선택 이론을 동물로 예를 들면 이와 같다.
어떤 동물이 물살이 센 곳에서 안간힘을 다해
끊임없이 헤엄쳐서 앞뒤에 발이 생겨나왔다.
얕은 물에서 발을 딛고 걸어 다니는 연습을
오래 행한 결과로 점차 뭍에서도 걷게 되었다.
이처럼 환경에 적응하려는 부단한 노력으로
변이하고 진화하여 살아남은 것들은 그 성질을
후세에 전하여 그대로 활동하고 번성하였다.
환경에 적응하지 못한 것들은 점차 쇠퇴하고
그 종족은 결국 지구상에서 사라지게 되었다.

자연선택 이론에서의 모든 동물은 환경에
적응하며 발전한 모습으로 지금에 이르렀다.
여기에서 진화進化의 뜻은 일정한 방향으로의
발전이 아니라 환경에 잘 적응하는 능력이다.
자연선택 이론에서 사람은 유인원類人猿으로부터
진화된 모습이라고 말하는 것이 가능해진다.
다윈은 진화론에서 자연과 생명의 기원 및
그 근원은 밝히지 않고 미래에 맡겨 두었다.

③ 진화론의 유전자 이론

진화론의 유전자 이론은 오스트리아의 과학자
멘델(1822~1884)이 완두콩의 실험 결과로
1865년에 처음 주장한 유전자 이론이다.
노란 콩이 열리는 콩 나무의 꽃술에
다른 색 콩의 꽃가루가 섞이지 않으면
노란 콩만 열리는 일정한 패턴을 유지했다.
노란 콩의 꽃가루를 초록 콩의 암술에 넣으면
다음 1세대에는 노란 콩만 열리게 되고
초록 콩은 열리지 않는다는 사실을 알았다.
노란 인자는 우성優性이고 초록은 열성劣性이다.

2세대 잡종 노란 콩에 초록 꽃가루를 넣으니
노란 콩과 초록 콩이 3:1의 비율로 열렸다.
이로써 초록 콩의 유전자가 소멸되지 않고
남아 있다가 2세대에 나타남을 알게 되었다.

또 노랗고 주름진 콩과 초록의 매끄러운 콩
두 가지 형질을 가진 두 쌍을 교배하니
2세대에는 노란 콩, 초록 콩, 주름진 콩,

매끄러운 콩이 9:3:3:1의 비율로 열렸다.

진화론의 유전자 이론에서
암수의 두 유전자는 입자로서 소멸되지 않고
남아 있다가 먼저 우성이 나타나게 되며
이 과정을 반복하면 변이한 형질이 나타난다.
이로써 모든 생물도 유전자의 변이에 따라서
모습과 성질이 다르게 결정된다고 하였다.
멘델은 유전자 이론에서 자연과 생명의
기원 및 그 근원에 대해서는 밝히지 않았다.

④ 불교의 연기론

불교는 세계관을 연기론으로 설하는데
넓게는 우주의 삼천대천세계까지 적용하고
깊게는 인간의 심성까지 분석하기 때문에
모두 다 이해하는 데 어려움이 적지 않다.
연기는 인연생기因緣生起의 준말로 풀이하면
'원인과 조건의 화합으로 과보가 생긴다.'는
뜻이다. 세계와 사물의 연기는 앞 장에서
설명했기 때문에 지금은 생명의 기원과

근원을 연기론에 입각하여 설명할 것이다.

첫째 모든 생명의 기원은 아미타의 연기다.
둘째 모든 생명의 근원은 아미타[청정한 광명]다.
셋째 아미타는 청정한 공업력이며
생명의 에너지로 만덕을 안고 있어서
모든 생명이 연기할 수 있는 가능태이다.
넷째 최초의 생명은 아미타를 인으로 삼고
환경조건을 연으로 삼아 출현하였다.
다섯째 생명의 근원이 만덕을 안고 있으니
최초의 생명체는 단세포지만 조건에 따라
점차 다양한 모습으로 출현하였다.
여섯째 사람은 본래 유일한 직립인直立人이었다.
일곱째 다양한 모습으로 출현한 생명체는
유전자 변이와 환경의 영향을 받아 진화한다.
여덟째 사람은 아뢰야식[유전자]의 변이와
환경의 영향 등 외부의 조건에 의해 진화한다.

연기론과 창조론 진화론의 비교
창조론은 유일신이 만물을 창조하고

인간 및 모든 생명은 신의 뜻에 의하여
모습과 성품과 발전 및 진화가 결정되고
인간의 자유의지는 작용하지 않는다.
창조론은 만물의 근원을, 진화론은
생명의 기원과 근원을 밝히지 않았다.

진화론의 자연선택 이론은 생물의 진화를
환경에 적응하는 능력의 성질로 한정하였다.
진화론의 유전자 이론은 생물의 진화를
유전자의 변이에 한정하여 설명한 때문에
환경의 영향은 고려하지 않은 것이다.
또 식물의 진화를 동물과 인간에게 같이
적용하는 것은 합당하지 않을 것이다.

연기론에 의한 모든 생명은 유전자 변이와
외부의 환경의 영향을 받아 발전 진화한다.
사람은 마음을 인으로 삼고 외부 조건을
연으로 삼아 상호작용하며 발전 진화한다.
아뢰야식의 변이가 경계를 관찰하는 데에
영향을 미치고 자신이 관한 경계가 다시

아뢰야식의 변이에 영향을 미치는 관계다.
그리고 그렇게 축적된 모든 유전자 정보는
다음 세대로 상속되어 발전하고 진화한다.

동물과 인간은 왜 지금 진화하지 않는가?
생명이 진화한 장구한 역사를 알아보면
현재에 진화한 모습은 미미할 것이다.
또 지금까지 육체적 정신적 진화가 없다고
단정할 수 없다. 인간은 육체적 진화보다
수행을 통해 정신적 진화에 노력해야 한다.

연기론의 진화는 물리적인 진화뿐 아니라
인간의 무한한 정신적 진화를 설한다.
연기론은 근대에 연구되어 온 진화론보다
훨씬 앞선 2600년 전에 설해진 것이다.
그럼에도 불구하고 창조론과 진화론의
의문을 해소하고 회통하는 논리를 제공한다.
그러므로 미래에는 불교의 연기론에 의하여
자연선택과 유전자 이론을 발전시킬 것이다.
연기론은 개인과 인류문화의 모든 분야에

응용할 수 있는 넓고 깊은 위대한 지혜이다.

2. 최초의 생명체

지구가 탄생한 이후 약 6억 년 동안은
지구의 몸체가 매우 뜨거워서 그 열기가
대류권[욕계천] 전체에 이르게 되었다.
이로 인해 대류풍이 세차고 가물었으며
오랫동안 물이 조금밖에 없었기 때문에
자연도 생명체도 생성될 수가 없었다.
또한 대겁의 순환도 시작되지 않았다.

현재 과학계에서도 지구가 탄생한 뒤에
약 6억 년 동안은 생명체의 흔적을
발견하지 못했으며, 그 기간에는 지구에
물이 매우 적었을 것으로 추정한다.
필자는 이 6억 년 동안은 공겁시대이고
그 뒤부터 대겁이 시작된 것으로 보았다.

지구는 6억 년의 기나긴 세월이 흐르면서
세찬 비바람과 눈보라가 점차 땅을 식혔다.
강렬한 대류현상이 산과 대지를 형성하고
점점 강과 드넓은 바다를 이루어 나아갔다.

광활한 대지 드넓은 바다 적당한 햇볕
맑은 공기가 청정한 환경의 바탕을 이루었다.
지구의 자전은 낮과 밤을 알맞게 이루고
공전은 계절의 변화를 보여 묘함을 더했다.
지구는 생물이 생성되고 살아갈 수 있는
환경조건이 만족하게 갖추어졌다.

지구가 탄생한 이후 6억 년이 흐른 뒤에
첫 번째 대겁의 시대가 시작되어
최초로 생명체가 생성된 성겁시대가 열렸다.
이 무렵 중생들의 공업력인 생명의 에너지는
안전하고 청정한 색계의 4선천[성층권]에서
점차 내려와 욕계천[대류권]을 가득 메웠다.

중생들의 공업력[생명의 에너지]인 광명은

물리적 정신적 에너지를 모두 머금고 있으니
갖가지 물질과 다양한 생명을 창조할 수 있는
무한한 가능태이다. 이러한 뜻으로
생명의 에너지라고 이름하는 것이다.

만 가지 덕을 머금은 생명의 에너지는
업력이 무거울수록 아래의 천계에 머문다.
그러므로 사왕천과 도리천에 있는 것들이
제일 먼저 지구에 내려와 앉게 된다.
생명의 에너지는 바다에 내려온 것이
가장 안전하지만 그것이 쉽지는 않았다.
세찬 대류풍에 부딪쳐서 생명력을 다하거나
육지의 물가에 내렸다가 가뭄으로 죽거나
바다에 내려 적응할 무렵에 체력의 한계로
생명력을 다하는 경우도 있었다.
생명력이 다한 것들은 굳어서 입자를 이루니
반짝이는 보석이나 금모래가 되었다.

바다에 내려앉은 무량한 생명의 에너지는
생명체로 태어날 수 있다는 희망을 안고

나쁜 환경을 극복하며 끊임없이 도전하였다.
바다는 직사광선을 피하고 부드러워
생명체가 탄생하고 성장할 수 있는
최적의 환경조건을 갖추었기 때문이다.

한때 청정하고 고요한 여러 곳의 바다에서
생명체의 가능성이 현실로 나타났다.
생명의 에너지가 좋은 조건들을 만나
화합하고 분열하는 화학반응을 일으켜
유기물의 생명체가 탄생한 것이다.
바다에서 연기의 법칙이 작용하여
유기물의 미생물이 탄생하였으니
지구에 나타난 최초의 생명체이다.

지구에 출현한 최초의 생명체들은
지기 수기 화기 공기의 성질로 몸을 이루고
다양한 유전자 정보를 안고 있다.
중생들의 공업력은
생명의 에너지이며 청정한 광명이다.
광명은 만 가지 덕을 머금었으니

다양한 생명으로의 진화가 가능한 것이다.

지구가 탄생한 지 6억 년이 지나고
지금으로부터 약 39억8백만 년 전에
최초의 생명체가 탄생하였다.
그 후 드넓은 바다에는 갖가지 색깔과
다양한 모습의 해초가 번성하였다.

2017년 9월 28일
국내외 통신사는 일제히 특별한 기사를
전 세계에 전파하였다.
도쿄대 연구팀이 캐나다 북부지역 바위에서
약 39억5천만 년 전에 남긴 생명체의 흔적을
발견하였다는 소식을 전한 것이다.
그 전의 다른 연구에서 밝힌 것보다
1억5천만 년이나 앞선 것이었다.
불교적으로 추정한 39억8백만 년과는
약 4천만 년의 차이가 있다.
그러나 불교는 2600년 전의 선각자가
과학의 힘이 아니라 지혜의 힘으로

약 40억 년 동안 흘러온 생명의 역사를
통찰한 것임을 알아야 할 것이다.

3. 네 번의 도전

『장아함경』에서 이와 같이 말씀하셨다.
　　세계가 겹겹으로 둘러져 있고
　　생겨났다 무너졌다 하는 것이며
　　중생이 사는 곳을 하나의 불토라고 이름한다.

지구는 삼천대천세계의 무수한 별들 중에 하나
동서남북 상하의 수많은 인간계 중에 하나
태양계 가족들 중에 세 번째 거리에 있는 행성
무엇보다 지금 인간이 살고 있다는 사실이다.
인간이 사는 세계를 불토[정토]라고 이름하니
자연과 인간의 청정한 공덕상이
아름답게 빛나는 세계를 말한다.
그러나 지구가 탄생한 이후 불토가 되어
자연과 인간이 청정한 광명을 발휘하는 데는

세 번의 대겁을 지나는 세월이 소요되었다.

첫 번째 대겁시대
지구가 탄생한 지 약 6억 년이 지난 뒤에
처음으로 성겁시대가 열리기 시작하였다.
제1겁에 최초로 단세포 생명체가 출현했다.
이때 바다에서 갖가지 해초가 번성하였다.
지구는 첫 번째 괴겁에 생명의 수난기를 겪고
공겁을 지나니 대겁의 12억 년이 흘렀다.

두 번째 대겁시대
바다에서 다양한 미생물이 번성하였다.
이 시대는 육지의 호수와 강가에도
갖가지 수초와 초목이 번성하였다.
두 번째 괴겁에 생명의 수난기를 겪고
공겁을 지나니 또 대겁의 12억 년이 흘렀다.

세 번째 대겁시대
바다에서 다세포 생명체가 출현하고 성겁의
제20겁 무렵에 다양한 동물이 출현하였다.

최초의 생명체가 출현한 이후 약 30억 년
지구가 탄생한 지 약 36억 년이 지나서였다.
세 번째 괴겁에 생명의 수난기를 겪고
공겁을 지나니 또 대겁의 12억 년이 흘렀다.

네 번째 대겁시대
지구가 탄생한 이후 약 6억 년이 지난 뒤에
세 번의 대겁이 순환하니 지구의 나이는
약 42억 년이 되고, 네 번째 대겁이 시작되었다.
성겁의 제1겁에 초목이 풍요롭게 어우러져
다양한 모습의 수많은 동물이 번성하였다.

성겁의 제1겁에 색계의 생명의 에너지 중에
인간의 업력이 최초의 생명체로 화생化生하였다.
인간은 최초의 생명체로 화생하였지만
약 3억 년 동안 진화하여 주거생활을 하였다.
지금으로부터 약 8백만 년 전의 일이다.

인간이 출현한 후 공룡 등의 거대한 동물들은
대부분 사라지고 평온한 시대가 유지되었다.

약육강식의 생존경쟁도 예전보다 줄어들고
자연과 생명이 진화하며 조화롭게 번성했다.
지구는 45억 년 생명은 39억 년의 역사였다.

이처럼 지구가 탄생한 뒤 6억 년이 지나서
비로소 생명의 에너지가 생명체로 화생하고
인간이 지금의 모습으로 출현하는 데까지는
세 번의 대겁이라는 인고의 역사를 보내고
인간은 네 번의 도전 끝에 땅을 딛고 일어나
유일한 직립인으로서 지구의 주인이 되었다.

지구에 존재하는 생명의 역사를 정리하면
지구가 탄생한 뒤에 약 6억 년이 지나서
바다에서 최초의 생명체가 출현하고
생명체의 출현 이후 30억 년이 지나서
갖가지 다양한 동물이 출현하여 활동하고
동물의 출현 이후 6억 년이 지난 뒤에
인간의 업력이 화생하여 약 3억 년 동안
진화한 뒤에 주거생활을 시작하였다.

지금까지 서술한 네 번 대겁의 역사는
경론의 말씀에 크게 어긋나지 않도록
과학의 지식을 빌려서 서술한 것이다.
선각자의 지혜로 말씀하신 지구의 역사가
과학의 가설과 비슷함을 전하려는 뜻이다.

지구의 생성 과정과 생명의 역사를
이처럼 과학과 비교하며 탐구할 수 있는
종교의 말씀은 불교 밖에는 없을 것이다.
불교의 경전에는 과학을 선도할 수 있는
성인의 위없는 지혜가 가득 채워져 있다.
지혜로운 자는 광명의 마음을 깨달아
세계와 생명의 역사를 꿰뚫어 볼 것이다.

4. 네 부류의 동물

『능엄경』에서 이와 같이 말씀하셨다.
    태생과 난생과 습생과 화생은
    그 응하는 바를 따르는 것이다.

태생은 애정[情]을 인하여 있게 되고
난생은 오직 생각[想]으로 생겨나게 되고
습생은 화합[合]으로 움직이게 되고
화생은 떨어짐[離]으로 나타나게 된다.

애정과 생각과 합함과 떨어짐이
번갈아 서로 변하고 바뀌니
지은 바의 업의 과보를 받아서
오르거나 잠김을 따르는 것이다.
이러한 인연으로 중생이 상속한다.

지구에 최초의 생명체가 출현한 뒤에
30억 년이 흐르자 마침내 동물이 출현하였다.
그동안 괴겁과 공겁시대를 두 번이나 겪었다.
괴겁과 공겁시대는 생명들이 전멸하지 않고
소수가 남아서 진화를 거듭하였다.

단세포 생명체가 다세포로 진화를 거듭하고
물속에 가라앉은 것들은 해초로 진화하여
바다의 곳곳에 크고 작은 수풀을 이루었다.

육지에도 물가마다 점차 초록빛이 물들고
강물을 따라서 산등성이를 오르는 초목들이
무성히 번식하여 높고 낮은 수풀을 이루었다.
모든 초목은 청정한 광명을 머금고 있으니
환경에 따라서 갖가지 색깔의 빛을 발하였다.

무수한 단세포와 다세포 생명체들은
본래 제4선천에 머물던 중생들의 공업력인
청정한 생명의 에너지였다.
그들이 점차 3선천 2선천 초선천으로
다시 욕계천과 대류권으로 내려오면서
청정도가 낮아지고 다양한 업을 짓게 되어
감각기관을 가진 동물로 진화한 것이다.

동물들에게 감각기관이 생겨난 것은
보고 듣고 숨 쉬고 맛보고 느끼려는 욕구를
끊임없이 반복하여 익혀 온 과보였다.
동물들은 자신의 환경에 적응하기 위하여
일정한 행위를 끊임없이 반복하였다.
반복한 행위는 습관이 되어 모습을 변형하고

자신도 모르게 의식의 관념에 저장되었다.
습관과 관념은 업의 동력이 되고
업력의 인자는 유전자에 입력되었다.

동물들은 업력이 동일한 부류를 보면
서로 사랑하는 생각을 일으켜서
업식을 흘려 넣어 씨가 되고 모태를 이루어
동일한 업을 빨아들이기 때문에
이러한 인연으로 생명이 잉태되었다.
이와 같이 태어난 네 부류의 동물이
곧 태생 난생 습생 화생이다.

태생胎生은 사람과 같이 애정을 인하여
모태에서 성장하여 출생하는 동물이다.
난생卵生은 새들과 같이 생각을 인하여
알에서 성장하여 출생하는 동물이다.
습생濕生은 벌레와 같이 습기가 화합하면
그 사이에 움직이며 태어나는 동물이다.
태생 난생 습생은 감각기관을 갖고 있으며
경계를 인식하고 분별하는 능력이 있다.

화생化生은 모든 하늘과 겁초[최초]의 중생처럼
의탁하는 바가 없이 오직 업력에 의해
갑자기 떨어져서 나타나게 되는 것이다.
지옥과 천계의 모든 생명들과 중음신中陰身은
화생이며 감각기관이 없으나
미세한 의식을 가진 것들도 있다고 한다.
정토의 중생들도 화생이며 이들은
육근을 갖춘 인간의 몸으로 변화한다.

태생 난생 습생 화생의 원인이 되는
애정과 생각과 화합과 떨어짐은
번갈아 바뀌어가며 변화할 수가 있다.
자신이 지은 업에 따라서 다음 생에는
윤회의 물결을 따라서 위로 오르거나
아래로 잠기는 등으로 변화하기 때문이다.
이러한 인연으로 네 부류의 동물은
대대로 끊임없이 생명을 이어간다.

2600년 전에 성인의 지혜로 설해진
종교의 성전에 동물을 네 부류로 분류하여

자세히 말씀하신 것은 놀라운 일이다.
모든 동물들의 삶과 죽음의 모습은
인간의 의식과 정서에 지대한 영향을 미친다.
동물들의 공업력이 개인과 사회의
안락한 삶을 보장한다는 지혜를 가져야 한다.
불교는 인간은 물론이고 동물에 이르기까지
과학적으로 분석하고 자비심을 갖게 하는
생명존중의 종교요 지혜로운 종교이다.

5. 동물의 존재방식

현대의 동물학에서는 동물의 종류를
포유류 양서류 조류 곤충과 거미류 파충류
무척추동물 어류 등으로 분류하였다.
포유류에도 소 말 개 등 종류가 많으니
동물만도 아마 수만 종이 될 것이다.

불교에서 설하는 동물은 어떤 존재인가.
모든 동물은 태생 난생 습생 화생이다.

갖가지 다양한 동물은 의식에 차별이 있고
인간과 다른 점이 있지만 고등동물은
대개 색수상행식의 오온五蘊으로 이루어졌다.
오온이 가장 분명한 것은 인간이므로
'인간의 존재' 편에서 자세하게 설명한다.

사람을 제외한 모든 육상동물은
머리를 숙이고 땅을 바라보며 옆으로 걷는다.
이러한 이유로 동물을 사람과 구별하여
방생傍生이라 부르니 축생보다 넓은 의미이다.
동물들 중에는 의식을 제외한 오관이
인간보다 예리하게 발달한 것이 수없이 많다.
소리와 몸짓으로 서로가 의사전달을 하고
인간의 사랑을 느끼고 때로는 은혜를 갚는 등
놀라운 행동을 흔히 볼 수가 있다.
생명의 근원이 인간과 동일한 때문일 것이다.
그러므로 불교는 동물까지 살생을 경계하고
그 업보는 내세에 반드시 받는다고 설한다.
모든 생명의 업력은 생명의 에너지이며
그 과보는 두 방면으로 후세에 전해진다.

하나는 유전자에 입력되어 모태 등에 들어가
다음 세대에 전해지는 것이다.
또 하나는 목숨을 마치면 곧 생명의 에너지가
중생들의 공업력으로 허공에 남는 것이다.
그 공업력은 업이 동일한 모태 등에 들어가
유전자의 성질에 영향을 미치게 된다.

개체들의 업이 공업력으로 남는다는 것은
무아의 윤회를 성립시키는 중요한 논리다.
모든 생명들의 공업력은
생명의 에너지 보존법칙이다. 이 법칙은
'자연과 생명의 청정한 업력으로
공동체의 안락을 이루어야 한다.'라고
인류에게 전하는 긴요한 메시지이다.

6. 열 가지 생명

경에서 이와 같이 말씀하셨다.
    열 가지 생명의 부류가

> 죽고 태어나고 죽고 태어난다.

열 가지 생명은 욕계 색계 무색계의
삼계에서 사는 모든 생명들을 일컫는다.
이것은 초기 불교의 세계관이요 생명관이다.
욕계欲界는 탐욕 성냄 어리석음이 많은 세계다.
색계色界는 탐욕 성냄 어리석음을 멀리 했으나
죽은 뒤에 물리적 에너지가 남아있는 세계다.
무색계無色界는 심식의 에너지만 남아있는 세계다.

삼계의 열 가지 생명은
첫째, 태생 난생 습생 화생을 말한다.
둘째, 유색생 무색생 유상생 무상생
비유상생 비무상생 이 여섯을 말한다.
또 열 가지 생명 전체를 한 생명으로 보아서
모두 11가지 생명이라고 한다.
태난습의 삼생은 지구의 물에 사는 동물
육지에 사는 동물 하늘을 나는 새들이다.
화생은 몸에 의탁하지 않고 변화로 태어나며
지옥계 아귀계 천상계 정토의 중생이다.

유색생有色生은 색계 사선천의 생명이며
이들은 미세한 물리적 생명의 에너지다.
무색생無色生은 무색계 사공처의 생명이며
이들은 순수한 정신적 에너지다.

유상생有想生은 욕계와 색계의 4천
무색계의 4천인 구지九地 중에
제4선천인 무상천 외의 일체 중생이며
이들은 미세한 의식이 작용한다.
무상생無想生은 무상천의 생명이며
이들은 의식이 전혀 작용하지 않는다.
비유상생非有想生과 비무상생非無想生은
비상비비상처非想非非想處의 일처와
비상비비상처의 중생을 말하는 것이니
이것은 천계가 곧 중생계라는 뜻이다.
이들은 의식이 있지 않은 것 같고
혹은 없지도 않은 것 같은 생명이다.

불교의 생명관에는 지구의 물과 하늘과
공중을 터전으로 삼아 사는 생명이 있고

천계를 터전으로 삼아 사는 생명이 있다.
식물을 포함하여 의식이 없는 생명도
그 근본은 광명이며 인연이 화합하면
생명력을 발휘할 수 있는 생명의 에너지다.
모든 생명은 광명으로서 하나의 생명체이다.

일체 중생의 안심과 희망을 근본으로
교법을 설하는 고등종교의 말씀 중에
이와 같이 높고 깊은 지혜로 자세하게
생명관을 설하는 성전이 어디에 있을까.

물질의 풍요만을 좇아 철학이 빈곤한 시대
자연과 생명의 존엄성을 경시하는 시대다.
불교는 자연과 생명의 근본이 광명이라는
희망의 철학을 바탕으로 설하는 종교다.
자연과 생명의 청정한 광명을 찬탄하며
생명의 존엄성을 드높이는 종교이다.
불교는 인류의 안락한 공동체를 선도하는
유일한 희망의 종교가 될 것이다.

7. 생명의 종말

『구사론』에서 이와 같이 말씀하셨다.
>괴겁에 20증감이 있는데
>앞의 19증감에 유정계를 무너뜨리고
>뒤의 1증감에 자연계를 무너뜨린다.
>능히 무너뜨릴 때는
>화재와 수재와 풍재인 삼재가 일어난다.
>공겁의 20증감 가운데는
>세계와 모든 유정들이 텅 비어서 없게 된다.

해설에서 이와 같이 말씀하셨다.
>유정계를 무너뜨린다는 것은
>처음에는 아비지옥 등을 무너뜨리고
>다음에는 아귀계와 축생계를 무너뜨린다.
>사주四洲의 육욕계가 모두 화재를 두려워하여
>욕계의 선과 악 등의 업을 짓지 않고
>두 가지 선정을 닦으면 죽어서 곧 위에 태어나
>다시 아귀와 지옥과 육욕천과
>인간 등으로 태어나지 않는다.

자연계를 무너뜨린다는 것은
처음에는 해의 빛이 네 배로 열을 내고
다음에 3일 동안 열을 내서 4, 5일에 이른다.
뒤에는 7일 동안 더불어 일어나서 불길이
빠르게 솟구쳐 그 기운이 초선천과 충돌한다.
역시 위에 태어나더라도 죽게 되니
아래는 당연히 무너지는 것이다.

성주괴공의 각각 3억 년 12억 년의 대겁 중에
성겁에는 자연계와 유정계[중생계]가 이루어진다.
주겁에는 자연과 중생이 더불어 살아간다.
괴겁의 제19겁 1600만 년 동안에는
화재 수재 풍재의 삼재가 자주 발생하여
유정계의 생명들을 무너뜨리는데
먼저 지옥 아귀 축생들을 차례로 무너뜨린다.

그때 인간과 육욕계의 중생들이
생명들이 불에 타서 죽는 광경을 보고는
모두가 화재를 당하여 죽을까 두려워한다.
만약 그들이 선악을 분별하여 업을 짓지 않고

사선四禪과 팔정八定을 닦는다면
죽은 뒤에 색계와 무색계에 태어난다.
이들은 삼재를 당하지 않고
괴겁 동안은 아래 세계에 태어나지 않는다.

괴겁의 제20겁 800만 년 동안은
삼재가 자주 발생하여 자연계를 무너뜨린다.
마지막에는 태양이 열을 네 배로 내서
바닷물까지 뜨겁게 달구어진다.
그리고 바람과 불길이 함께 빠르게 솟구치니
화력의 기운이 색계천까지 미치게 되어
그곳의 생명들까지도 모두 죽게 된다.
위의 색계천이 무너지게 되니
아래의 자연계와 욕계천은 자연히 무너진다.
괴겁이 지나고 공겁의 3억 년 동안에는
자연계와 유정계가 텅 비어서 조용하다.

세계의 큰 재난은 자연일까 신의 뜻일까
인간의 어리석음으로 지은 과보일까.
그 이유가 무엇이든지 삼재는 날로 심하고

지구의 한 부분이 금가는 지진까지 일어난다.
바람이 심하고 가뭄이 오래가면 흉년이 든다.
큰 화재가 일어나면 재물과 생명을 잃게 되고
산림을 불태워 오랫동안 회복하기가 어렵다.
홍수는 재물과 생명을 흔적도 없이 쓸어간다.
빙하가 다 녹으면 또 무슨 일이 일어날까.

대부분의 종교 성전들은 삼재로 인하여
인류의 종말이 올 것이라고 예언하고 있다.
그러나 미래에 다가올 자연의 삼재보다도
현실에서 일어나는 인간의 삼재가 시급하다.
인간이 일으키는 탐욕과 성냄과 어리석음이
인간의 삼재가 아니고 무엇이겠는가.

제2장 인간의 존재방식

제1절 인간의 존재
제2절 인간의 욕망
제3절 인간의 다양한 모습

제1절 인간의 존재

1. 인간이 출현하다

『구사론』에서 이와 같이 말씀하셨다.
    이선二禪의 복력을 지니거나
    아래의 인간으로 태어나기를 다하였다.

    처음에는 흙으로 빚은 떡과 풀 넝쿨을 먹었다.
    뒤에는 메나 벼를 먹었으나
    소화를 시키지 못하니
    대변과 소변으로 흘러내렸다.
    남자와 여자의 형상이 구별되고
    밭을 나누고 주인을 세우며
    신하를 구하여 돕는 등
    갖가지 차별이 있게 되었다.
    여기에 이르는데 19증감을 경과하고

> 앞과 겸하여 총 20증감이 흘렀으니
> 이를 성겁이라 이름한다.

지구상에 최초 인간은 어떻게 출현하였을까.
유일신이 창조한 것도 아니고
외계에서 날아온 것도 아니며
지구에서 생겨난 것도 아니다.
창조설 외계설 지구자체설
어떤 논리에 의거하여 말하더라도
합리적인 설득력을 갖지 못할 것이다.

지구상에 최초로 출현한 모든 생물은
제4선천에 머물던 중생들의 공업력인
생명의 에너지가 내려와서 화생한 것이다.
화생은 다른 몸에 의탁하지 않고
생명의 에너지가 생명체로 변화한 것이다.
인간도 생명의 에너지로부터 화생化生하였다.

생명의 에너지가 식물로 변화하는 데는
몇 억 년의 세월이 소요되지는 않았다.

그러나 동물은 최초의 생명체가 출현한 이후
무려 30억 년이나 흐른 뒤였다.
그나마 지구에 출현한 수많은 동물들은
활동한 지 얼마 되지 않아서 괴겁을 당하여
대부분이 죽고 소수만 살아남았다.

동물이 출현하고 약 6억 년이 흐른 뒤에
제4선천에 머물던 생명의 에너지들이
점차 아래의 지구로 내려오기 시작했다.
이들은 오다가 초선천이나 제2선천에서
그 복력을 지닌 채로 머물러 있기도 하였다.

성겁의 제1겁 최초에 지구에 내려앉은
생명의 에너지들은 극히 맑고 밝아서
청정한 곳에서만 생명력을 유지할 수 있었다.
그들이 자연히 선택하게 된 곳은 바로
짠물이 없고 고요하고 맑고 온화하며
수초와 산림이 둘러있는 큰 강이었다.

성겁의 제1겁 최초에 모든 생명의 에너지는

수명이 8만 세이니 본래 무량수라는 뜻이다.
강물에 내려앉은 다양한 생명의 에너지들은
여러 연緣이 화합하여 화학반응을 일으키며
단세포 생물로 화생하고 이어서 다세포로
거듭 진화하며 다양한 생명체가 출현하였다.

인간은 모든 동물이 출현한 이후 가장 늦게
화생하여 진화를 거듭하고 성겁의 말기에
현재 사람의 모습을 갖추기 시작하였다.
창조론에서도 인간을 가장 뒤에 만들었으니
이 점은 주목할 만한 사건이라고 생각한다.

[논]에 의하면 성겁의 제1겁에 4선천의
청정한 공업력인 생명의 에너지 중에
인간의 업력을 가진 것이 지구로 내려와
사람의 모습으로 화생한 것으로 보아야 한다.
그러나 그 화생은 완전한 사람이 아니며
약 3억 년 동안의 진화를 거듭하여 현재의
사람과 같은 모습을 갖추게 된 것으로 본다.
인간이 현재의 모습을 갖추기 시작한 것은

성겁의 제20겁 말기이며 지금으로부터
약 800만 년의 전일 것으로 추정한다.

지구에서 살아가는 모든 생명의 근원은
제4선천에 머물던 생명의 에너지가
지구에 내려와서 생물로 화생한 것이다.
그 중에 지구에 가장 늦게 내려 온
생명의 에너지가 인간으로 화생하였다.
이것이 불교에서 밝힌 인간의 근원이다.

인간은 의식이 총명하게 발달한 반면에
감각기관은 다른 동물보다 뒤져서
완전한 몸을 이루고 공동생활을 하는 데는
무려 3억 년이라는 긴 세월을 진화하였다.
모든 동물들 중에 오직 사람만이
두 발로 똑바로 서서 걸을 수 있으니
동물과 구별하여 직립인간이라고 이름한다.
인간은 본래 똑바로 서서 활동한 까닭에
수영을 배워야 헤엄을 칠 수 있는 것일까.

인간은 불과 도구를 사용하고 농사를 짓고
언어와 문자를 사용하여 의사를 전달하고
집을 지어 집단으로 사회생활을 하는 등
일반의 동물과는 여러 가지 다른 점이 많다.
이처럼 인간만이 누릴 수 있는 여러 가지
특징을 생각해 보면 인간이 동물로부터의
진화가 아니라 애초에 사람의 업력을 지닌
생명의 에너지로부터 화생한 것으로 파악한
불교의 인간관은 설득력이 있다고 생각한다.
그 이유는 생명의 에너지인 아미타는
만덕을 머금고 있어서 무한한 가능태로서
만물을 창조하는 능력을 갖고 있기 때문이다.
불교의 인간관을 탐구해 보아야 한다.

2. 오온의 인간

인간은 오온五蘊의 존재다.
오온은 색수상행식의 쌓임이라는 뜻인데
다섯의 각각도 쌓임으로 이루어졌다.

그러므로 오온의 바른 뜻은
색의 쌓임 수의 쌓임 상의 쌓임 행의 쌓임
식의 쌓임이 화합한 것을 말한다.
아래 해설을 보면 그 뜻을 이해할 것이다.

색의 쌓임은 흙 물 불 공기의 성질인
물질의 쌓임으로 몸체를 이룬다.
눈 귀 코 혀 몸 의식의 감각기관은
사대의 물질이라기보다 너무도 정밀하니
사대와 구별하여 정근색精根色이라고 이름한다.
마음에 비치는 표상은 법처색法處色이라 한다.

수상행식受想行識은 정신의 작용이다.
수의 쌓임은 괴로움과 즐거움과 그 둘이 아닌
느낌의 쌓임으로 경계를 받아들이는 것이다.
상의 쌓임은 여러 가지 아는 것들을
모아서 상상하는 쌓임이다.
행의 쌓임은 사유 등의 심법이 마음을 부려
선행 등을 짓게 하는 의지의 쌓임이다.

식의 쌓임은 안식 등이 경계를 분별하고
인식하는 쌓임으로 이루어졌다.
식은 안식 등의 전5식 마음인 제6식
자아의식인 제7식 근본식인 제8식이 있다.
안식 등의 전5식도 각각이 쌓임이고
전5식의 쌓임이 제6식의 쌓임을 이루어
분별하고 집착하여 그 정보를
제8아뢰야식에 차곡차곡 저장한다.
제7식은 아뢰야식을 자아로 착각한다.
제8식에는 미래에 나타날 세계의 모습
미래에 받을 육근을 포함한 몸의 형질
삼업을 지은 과보의 종자[유전자]가 들어 있다.
이들은 모두 미래에 과보로 나타날 것이다.

이와 같이 인간은 오온의 존재이지만
범부는 오취온五取蘊이라고 부른다.
취取는 일체의 번뇌를 총칭하는 말이며
집착하고 취한다는 뜻이다. 따라서 오취온은
'다섯 가지 번뇌들의 쌓임'이라는 뜻이다.

범부를 오취온의 존재라고 부르며
깨닫게 하는 뜻이 있으니 그것이 무엇인가.
첫째 몸과 마음은 번뇌로 가득하다는 것이다.
오온의 쌓임인 존재를 자아로 착각하고
오온의 각각이 실재한다는 관념
이것이 경계에 어리석은 근본번뇌이다.
번뇌가 가득하면 몸과 말과 뜻이 거칠고
감각기관의 작용도 우둔할 것이다.

둘째 비록 번뇌로 가득한 몸과 마음이지만
오온의 쌓임이므로 실체가 없다는 것이다.
그러므로 영원히 실재하지 않는 것들을
분별하고 집착하지 말라는 것이다.
범부는 오취온으로 무명의 번뇌가 가득하고
보살의 오온은 청정한 광명으로 빛난다.

2600년 전에 설해진 가르침에
인간의 몸을 분석한 것이 이처럼 경이롭다.
심리작용을 논한 것은 더욱 정밀하지만
여기서는 일반적인 것만 서술하였다.

불교는 세계와 인간의 존재방식에 대하여
과학에서 생각하지 못한 것들까지
지혜로써 탐구하고 분석하였던 것이다.
불교는 바른 믿음과 바른 이해로 실천하면
누구나 놀라운 지혜를 발휘할 수 있는
위대한 철학의 바탕이 이미 마련되어 있다.

3. 태생의 십이연기

인간이 최초에는 화생으로 출현하여
사람의 몸을 이룬 뒤부터는 자식에게
유전자를 유전하여 대대로 자손을 이어간다.
사람이 목숨을 마치면 그 업은 어떻게 될까.

『아함경』에서는 사람이 무명으로 인하여
복업과 선악의 업을 번갈아 짓고
목숨을 마치면 업식이 현재의 모태에 들어가
태어나서 또 업을 지으며 금생을 마치고
미래에 다시 태어나는 과정을 말씀하셨다.

모태로부터 태어나는 것을 태생胎生이라 하고
연기하는 열 두 단계의 과정을
태생의 십이연기라고 이름한다.

① **무명**

　무명無明은 삼세 중에 경계에 어리석어
　분명하게 알지 못하는 것이다.
　근기에 따라 설한 교법마다 무명이 다르다.
　이 점은 뒤의 '인간의 다양한 모습' 편에서
　자세하게 서술할 것이다.

② **행**

　행行은 무명으로 인하여 복을 짓거나
　선악의 업을 번갈아 행하는 것이다.
　무명과 행은 과거의 원인이다.

　『능엄경』에서 이와 같이 말씀하셨다.
　　밝음을 보면서 색이 발하고
　　밝게 보고는 상상을 이룬다.
　　본 것과 다르면 미움을 이루고

생각과 같으면 사랑을 이룬다.
사랑을 흘려 넣어 씨가 되고
생각을 받아들여 태를 이룬다.
교차하고 만나며 태어남을 발할 적에
동일한 업을 흡인하므로 인연이 되면
갈라람과 알부담 등이 생기는 것이다.

③ **식**

식識은 안식 등의 6식과 7식 8식으로
경계를 분별하고 인식하는 것이다.
과거의 업식은 목숨이 다하여 마치면
몸에서 분리된 중음신中陰身에 실려
허공으로 떠올라 머무른다. 그때
대지는 캄캄한 어둠에 쌓여 있는데
부모가 될 인연이 있는 곳에서
한 점의 밝은 빛이 나타난다.
중음신이 밝음을 보면서 물질이 생기고
그 밝음을 따라가서 사랑하는 생각을 한다.
가까이 가서 보는데 중음신이 남성이면
아버지는 본 것과 다르니 미워하고

어머니는 생각과 같으니 사랑을 이룬다.
사랑을 흘려 넣어 씨앗이 되니
이것이 곧 현재에 받는 업력의 일부다.

④ **명색**

명색名色은 모양과 물질에 이름을 표하고
물질적 걸림이 있는 것이다.
경에서 말씀하신 것처럼 업이
사랑하는 생각을 받아들여 모태를 이룬다.
부정父精과 모혈母血이 교차하고 만나며
생명체가 생기려고 할 적에
모태가 자신과 동일한 업을 빨아들이는데
생명이 태어날 인연이 이루어지면
갈라람과 알부담 등이 생기는 것이다.
갈라람 알부담 등 이것이 명색이다.
갈라람 등이 남성이면 가슴을 안으로 대고
여성이면 가슴을 밖으로 대고 자리한다.

명색인 태아가 자라는 266일간의 과정을
다섯 단계로 이름을 붙여 부른다.

갈라람은 화합和合의 뜻이며 수태 후 7일간이다.
알부담은 포결皰結의 뜻이며 두 번째 7일간이다.
폐시는 응결凝結의 뜻이며 세 번째 7일간이다.
건남은 견육堅肉의 뜻이며 네 번째 7일간이다.
발라사거는 지절支節의 뜻이며
수태 후 29일부터 출산까지를 말한다.

『부모은중경』에서 이와 같이 말씀하셨다.
> 잉태한 지 넉 달이면 사람의 형상을 이룬다.
> 다섯 달이면 머리와 두 팔과 두 무릎이 생기고
> 여섯 달이면 눈 귀 코 혀 몸 마음이 생긴다.
> 일곱 달이면 삼백육십 개의 뼈마디와
> 팔만사천의 털구멍이 생긴다.
> 여덟 달이면 의식과 지혜로움이 생기고
> 눈 귀 코 입 등 아홉 개의 구멍이 자라난다.
> 열 달이면 비로소 태어나게 된다.
> 만약 효자이면 두 주먹을 합장하고 나오므로
> 어머니의 몸이 상하지 않는다.
> 만약 무거운 죄[五逆罪]를 지을 자식이라면
> 모태를 가르고 손으로 어머니의 염통이나

간을 움켜잡고 발로는 골반을 버티기도 한다.

⑤ **육입**

육입六入은 눈 귀 코 혀 몸 마음의 육근이
안식 내지 의식 등을 생장시키는 것이다.
태생연기에서 육입은 모태에 있는 상태이며
육근이 성숙하면 세상 밖으로 태어난다.

⑥ **촉**

촉觸은 괴로움과 즐거움과
괴롭지도 즐겁지도 않은 세 가지 촉감으로
앞의 경계를 상대하는 것이다.
태생으로 몸을 받은 사람은 육근六根으로
사물 소리 냄새 맛 촉감 표상의 육경六境을
괴로움과 즐거움과 괴롭지도 즐겁지도 않은
세 가지 촉감으로 상대한다.

⑦ **수**

수受는 괴로움과 즐거움과
괴롭지도 즐겁지도 않은 세 가지 느낌을

마음으로 받아들이는 것이다.
③ 식부터 ⑦ 수까지는 현재의 과보다.

⑧ 애

애愛는 자체 등의 탐욕으로
자신과 경계를 물들이는 것이다.
육근으로 육경을 세 가지 감정으로 느끼고
자신에게 집착하고 경계를 탐욕하며
자신과 경계를 물들인다.

⑨ 취

취取는 탐욕 그릇된 견해 그릇된 계행
자아가 있다는 말 등의 사취四取로 인하여
경계에 집착하여 취하는 것이다.

⑩ 유

유有는 현재에 행과 식의 종자가
태어남과 늙고 죽음을 부르는 것이다.
인간은 오온의 쌓임으로 이루어졌는데
그것들이 실재[有]한다는 관념으로 인하여

현재의 행업과 업식의 종자가 미래에
삼계에 태어나서 늙고 죽게 되는 것이다.
⑧ 애부터 ⑩ 유까지는 현재의 원인이다.

⑪ 생

생生은 식 명색 육입 촉 수의 다섯 가지 법이
본래 없는 것인데 지금 있게 된 것이다.
현재에 오온이 실재한다는 관념으로
업을 지었기 때문에 그 업식이 남아서
다시 미래에 태어나는 것을 말한다.

⑫ 노사

노사老死는 식 명색 육입 촉 수의 작용이
쇠약하고 변하고 마모되어 부서지는 것이다.
사람은 태어나면 몸과 정신이 쇠약해지는
늙음과 병듦을 경험하고 끝내는 죽게 된다.
⑪ 생과 ⑫ 노사는 미래의 과보다.

2600년이 된 불교는 인간의 존재방식을
이와 같이 정밀하게 분석하여 펴 보였다.

태생의 십이연기는 오온이 실재한다고
집착하는 성문과 연각에게 보인 법이다.
십이연기는 성인이 깨달으신 법이며
현재에도 그러하고 미래에도 반드시 그러한
필연성의 진리라고 설하신 것이다.
태생의 연기는 삼세의 인과로 보였지만
현재의 진행형으로 해석할 수도 있다.
근기에 따라 다양한 교법을 설한 불교
이 점이 어려움이요 비밀한 뜻이기도 하다.

제2절 인간의 욕망

인간은 근원적으로 광명을 머금고 있으며 오랫동안 지능이 진화하여 지혜를 얻으면 공동의 안락을 이룰 수 있는 유일한 존재다. 그러나 지혜를 얻는 수행을 하지 않는다면 처음에는 동물적 본능으로 탐욕을 일으키고 다음은 탐진치 삼독을 일으켜 재난을 당하고 뒤에는 오욕의 존재로 전락해 고통을 받는다.

1. 세 가지 탐욕

『능엄경』에서 이와 같이 말씀하셨다.
　　생각과 애정이 함께 맺혀져
　　애욕을 멀리하지 않으면
　　모든 세간의 부모와 자손이

서로 태어나 끊이지 않는다.
이것은 이성욕이 근본이 된다.

탐욕과 애욕이 함께 불어나
탐욕을 그치지 않으면
모든 세간의 태생 난생 습생 화생이
힘의 강약을 따라서 번갈아 서로 잡아먹는다.
이것은 살생이 근본이 된다.

사람이 양을 잡아먹으면
양이 죽어서 사람이 되고
사람은 죽어서 양이 된다.
이와 같이 내지 열 가지 생명의 부류가
죽고 태어나고 죽고 태어나며
번갈아 오면서 서로 잡아먹어
악업이 함께 태어나 미래세에 다한다.
이것은 도적질이 근본이 된다.

너는 나의 목숨을 빚지고
나는 도로 너에게 갚으니

이러한 인연으로 백 천겁을 지나도록
항상 태어남과 죽음이 있게 된다.
너는 나의 마음을 사랑하고
나는 너의 얼굴을 어여삐 여기니
이러한 인연으로 백 천겁을 지나도록
항상 얽매여 자유롭지 못하게 된다.
이것은 살생 도적질 이성욕이 근본이다.
이러한 인연으로 업의 과보가 상속된다.

남녀는 서로를 생각하며 사랑하고
사랑이 깊으면 애욕을 갖게 된다.
생각과 사랑이 함께 맺힐 때
애욕의 업력이 강하여 끊지 못하면
끝내는 자손을 낳아 대를 잇는다.
이것은 이성욕이 근본이다.

애정이 깊으면 탐욕을 동반한다.
탐욕과 애정이 함께 깊어질 때
탐욕의 업력이 강하여 끊지 못하면
생명들 사이에서 약육강식으로

번갈아 잡아먹는 일이 생긴다.
이것은 살생이 근본이다.

사람이 양을 죽이고 고기를 먹게 되면
양의 업력이 사람의 몸에서 작용한다.
몸의 어떤 기능에 좋다는 고기를 즐기며
잡아먹는 것은 그런 이유에서이다.
양의 고기를 먹은 사람은 죽은 뒤에
양의 업력을 공업력으로 남긴다.
이처럼 사람과 동물 또 동물들 사이에서
서로가 생명을 도적질하면 미래세에도
그 악업이 그치지 않고 계속된다.
다음 생에는 몸을 바꾸어 태어나니
악업을 주고받음이 그치지 않는다.
이것은 식욕을 동반한 도적질이 근본이다.

서로가 생명을 죽이고 잡아먹으면
서로에게 빚지고 갚아야 할 업이 있으니
죽이고 훔치는 악업이 그치지 않으면
세세생생 생사의 괴로움을 벗어나지 못한다.

서로가 사랑하고 애욕에 빠지면
그 인연과 업에 얽매여 자유롭지 못하다.
살생 도적질 이성욕의 세 가지 악업은
괴로움의 과보가 그치지 않는 근본이다.

살생 도적질 이성욕은 서로에게 빚이 되고
세상의 원망과 괴로움을 낳아 공업력이 되어
안락한 공동체를 깨뜨리는 근본이 된다.
세 가지 탐욕을 숨기거나 정당화하기 위해
거짓말을 하면 살생 도적질 이성욕 거짓말
네 가지 무거운 죄업을 모두 다 짓게 된다.
네 가지 무거운 죄업이 사회의 공업력이 되면
사회에 원망 분노 복수의 기운이 가득하여
세세생생 안락한 공동체를 기대하기 어렵다.

살생은 자비심을 저버린다.
도적질은 의로움을 저버린다.
이성욕은 예의를 저버린다.
거짓말은 신의를 저버린다.

태생한 사람은 누구든지 근원적으로
무명과 탐욕의 업력을 안고 태어난다.
그 중에 수행자는 살생 도적질 이성욕의
세 가지 탐욕과 거짓말을 끊어야 한다.
이를 어기는 죄업은 수많은 번뇌를 일으키니
이 무수한 번뇌를 소멸하지 않는다면
무상보리의 깨달음을 얻을 수가 없다.
탐욕의 과보는 현실에서 증명되며
미래에도 반드시 그러한 필연성의 진리다.

2. 마음의 삼재

『열반경涅槃經』에서 이와 같이 말씀하셨다.

초선初禪은 안으로 지혜의 관이 있으나
밖에서 화재가 그것을 무너뜨린다.
이선二禪은 안으로 환희심이 있으나
밖에서 수재가 그것을 무너뜨린다.
삼선三禪은 안으로 탐욕이 쉬었으나
밖에서 풍재가 그것을 무너뜨린다.

사선四禪은 허물과 우환이 없으니
　　모든 재난이 미치지 못한다.

소승의 논서처럼 대승의 경전에서도
괴겁에 이르면 삼재가 발생한다고 하였다.
소승의 법문은 성문과 연각을 위하고
대승의 법문은 보살을 위한 것이다.
소승의 교법은 아공법유我空法有이고
대승의 교법은 일체개공一切皆空이다.
그러므로 화재 수재 풍재는
마음에서 일어나는 성냄 탐욕 어리석음의
세 가지 번뇌의 재난으로 이해할 수 있다.

『원인론原人論』에서 이와 같이 말씀하셨다.
　　탐욕이란 명예와 이익 등으로써
　　자기만을 영화롭게 하려는 것이다.
　　성냄이란 뜻에 어긋나는 경계가
　　자신을 침해할까 두려워하는 것이다.
　　어리석음이란 이치[因果 · 緣起]로써
　　헤아리지 않는 것이다.

성냄은 화내는 불길이니 화재와 같다.
탐욕은 오욕의 물결이니 수재와 같다.
어리석음은 무명의 바람이니 풍재와 같다.
대승에서 삼재는 마음의 삼재이다.

마음의 삼재를 소멸하는 법으로
선정을 권하며 이는 모든 수행법의 근간이다.
선정禪定은 심일경성心一境性이라고 정의하니
본래의 의미는 '지[止 : 경계를 그침]로써
마음을 한 경계에 머무는 상태'를 말한다.

초선初禪으로 지혜의 관이 있더라도
성냄이 완전히 소멸되지 않으면
화나는 경계를 상대하게 될 때
마음에서 화내는 불길이 일어나
지혜로 관하는 마음을 무너뜨린다.

이선二禪을 닦아서 환희심이 일어나도
탐욕이 완전히 소멸되지 않으면
욕망의 경계를 상대하게 될 때

마음에서 오욕의 물결이 일어나
기뻐하는 마음을 무너뜨린다.

삼선三禪을 닦아서 탐욕이 쉬었더라도
완전한 지혜를 체득하지 않으면
어리석음의 견해를 접하게 될 때
마음에서 무명의 바람이 일어나
다시 오욕의 물결을 일으킨다.

사선四禪을 닦아서 성냄 탐욕 어리석음
이 세 가지 재난을 일으키지 않으면
삼재를 당하는 우환이 없을 것이다.
그러나 완전한 지혜를 체득하지 못하면
생사가 남아 있어서 제4선천에 머문다.

탐욕 성냄 어리석음의 삼재는
현실에서 반드시 괴로움의 과보를 낳고
생명을 잃게도 하므로 독毒이라고 부른다.
삼재의 과보는 현실에서 증명되며
미래에도 반드시 그러한 필연성의 진리다.

3. 오욕의 존재

모든 생명은 최초에 생명의 에너지인
광명으로부터 화생하여 생겨난 것이다.
그 광명을 머금고 현재에 이르렀으므로
인간의 본성은 청정한 광명이다. 그러나
현실의 모습은 번뇌와 괴로움이 가득하고
끊이지 않는 어둠의 몸으로 살아가고 있다.
인간은 본성과 현상의 두 측면이
정반대로 다른 모순의 존재이다.
언제부터 이 양극의 모순이 발생하였을까.

2600년 전 불교가 시작된 때부터
노자 공자 예수가 가르침을 펼 때도
인간은 번뇌와 괴로움이 가득한 존재였다.
인간은 일반의 동물과 달리 도구를 사용하고
언어와 문자로 의사를 전달하고
의식이 총명하여 눈부신 문명을 발전시켰다.
반면에 그 뛰어난 능력이 개인과 집단의
탐욕에 이용되어 자연환경과 인간의 심성을

혼탁하게 만들어버린 결과를 초래하였다.

인간이 일으키는 탐욕은 몸을 받은 이후부터
내면에 깊이 뿌리 내려 그 역사가 멀고도 깊다.
자연히 그러하고 자손을 이어가려는 이성욕
배고픔을 채우며 생명을 유지하려는 음식욕
편안하게 쉬고 싶고 게으름을 피우는 수면욕
이 셋은 예외가 없는 원초적인 욕구이다.

인간이 집단으로 사회생활을 하면서
자연히 조직과 계급적 지위가 형성되니
그때부터 명예욕이 생겨나기 시작했다.
사유재산을 모으며 풍요로움을 좋아하니
그때부터 재물욕이 생겨나기 시작했다.

오욕은 왜 어떻게 일어나는가.
태생의 십이연기에서 분석한 것과 같다.
경계에 어리석어 분명하게 알지 못하니
모든 것이 영원히 실재한다고 착각한다.

그로 인해 눈 등으로 경계를 상대하면서
싫어하거나 좋아하는 감정을 느끼고
좋아하는 것을 탐착하고 취하는 것이다.

눈으로 값지고 귀하다는 재물을 보면서
귀로 아첨하고 칭찬하는 소리를 들으면서
코로 피로함을 풀어주는 향기를 맡으면서
혀로 몸에 좋고 감미로운 음식을 맛보면서
몸으로 좋아하는 모습의 이성을 접촉하면서
오욕의 물결을 일으켜서 탐착하고 취한다.

탐욕은 어리석음에서 비롯된 것이다.
오욕을 일으키는 나의 존재도 오욕의 대상도
시시각각 변하므로 항상성이 없음을 모른다.
따라서 탐욕을 부리며 구할 것이 아니라는 것
이 도리를 모르는 것이 첫 번째 어리석음이다.
즐거움이 아닌 것을 즐거움으로 착각하고
수단과 방법을 다하여 구하지만 결국에는
번뇌와 괴로움만 불어나게 한다는 것
이 도리를 모르는 것이 두 번째 어리석음이다.

가진 것을 탐내거나 구하는 것을 방해하면
자아의식이 발동하여 화를 내게 된다.
이렇게 어리석음과 성냄과 탐욕이 불어나면
결국 세 가지 독으로 괴로움이 그치지 않는다.

재물욕 명예욕 수면욕 음식욕 이성욕은
누구에게나 일어나는 자연스러운 것이다.
그러나 지나친 탐욕으로 심성을 어지럽히고
공업력을 혼탁하게 하는 사회악이 되어
현실은 끊고 버려야 할 대상으로 전락했다.

현대사회는 분야마다 조직이 이루어지고
능력껏 가질 수 있는 사유재산을 허용하고
개인의 자유의지를 방해하지 않으므로
탐욕은 곧 오욕을 가리키는 것이 되었다.
곳곳에 오욕의 물결이 질펀한 사회다.
무명의 바람이 일어나면 곧 물들게 되어
탐내고 화내는 괴로운 범부로 전락한다.

눈 귀 코 혀 몸 이 오관의 방일을 관찰하는

의식의 능력을 발휘하여 지혜로 다스리는
강력한 힘을 배양하지 않으면 자신도 모르게
오욕에 물들어 괴로움의 바다에 빠질 것이다.
범부는 대개 오욕의 존재 오욕의 주변인이다.

오욕은 연기적으로 일어난다.
깨어있지 않은 수면욕은 원초적 욕구인
음식욕을 부르고 음식욕은 이성욕을 부르며
이어서 사회적 욕구인 재물욕을 부르고
다시 명예욕을 부르는 인과의 순환이다.
오욕은 어느 것이 먼저라 할 것이 없으며
괴로움의 인과가 연속되는 사슬이다.
오욕은 괴로움을 지혜는 안락을 낳는다.
오욕과 지혜의 과보는 현실에서 증명되며
미래에도 반드시 그러한 필연성의 진리다.

제3절 인간의 다양한 모습

불교는 일체 중생이 부처가 될 가능성인
불성 광명을 소유하고 있다고 설한다.
그럼에도 불구하고 모든 생명은
생존의 욕구 자기 종족의 보존을 위해서
원초적인 욕망을 일으킬 수밖에 없다.
더욱이 인간은 사회적 욕망을 더하여
오욕의 존재로 전락하면 그 과보로 인해
괴로움이 끊이지 않는 삶이 연속된다.
인간은 청정한 불성을 소유하고 있으면서
무명의 탐욕으로 고통 받는 모순의 존재다.
불교는 이러한 인간이 가진 양면성을
선악의 경중과 지혜에 따라서 분류하였다.

1. 인천교의 육도 중생

인천교는 삼계 육도의 세계관에 의하여
중생을 지옥 아귀 축생 인간 아수라 천인
이렇게 육도의 중생으로 분류하였다.
또 천인도 28천의 여러 층으로 나누어졌다.
인천교는 중생을 선악의 가벼움과 무거움,
의식의 수준으로 분류하였으며, 이들은 모두
육도 윤회의 관념을 지니고 있다는 것이다.
그러나 육도 윤회는 깨달으면 해탈하게 되니
실제가 아니라 세계관에 의한 관념인 것이다.

2. 소승교의 성문과 연각

『아함경』을 근본경전으로 삼는 소승교는
육도와 더불어 성문聲聞과 연각緣覺이라는
출가자를 더하여 중생을 분류하였다.
성문은 대중과 함께 생활하는 수행자다.
연각은 한적하게 홀로 생활하는 수행자다.

출가자는 수행과 지혜의 깊이에 따라서
수다원 사다함 아나함 아라한으로 분류한다.

3. 법상교의 오종 종성

유식학파의 법상교는 육도 중에 인간을
다섯 부류의 종성으로 분류하였다.
무성종성無性種姓 성문종성聲聞種姓 연각종성緣覺種姓
부정종성不定種姓 보살종성菩薩種姓을 말한다.
불법을 믿지 않아서 불성이 없으면 무성종성
소승의 성문으로 결정되면 성문종성
소승의 연각으로 결정되면 연각종성
일정한 종성이 결정되지 않으면 부정종성
대승보살의 근기를 갖추면 보살종성이다.

4. 파상교의 십종 중생

반야부 경전을 근본으로 삼는 파상교의

『금강경』에는 일체 중생을 태생 난생
습생 화생 유색생 무색생 유상생 무상생
비유상생 비무상생의 십종으로 열거하였다.
논에서는 십종 전체를 한 생명으로 보아서
모든 생명은 11종의 중생이라고 설하였다.
일체 중생의 근본은 불성 광명[진여]으로서
체성이 동일한 하나의 생명체라는 것이다.

5. 대승의 십법계 중생

대승의 경전과 논에서는 일반적으로
일체 중생을 십법계의 중생으로 분류하였다.
개인은 자신이 지은 업의 과보에 따라서
환경과 그 의식수준의 기본이 결정된다.
한 사회는 공업으로 형성된 공동의 환경에서
일세계를 구축하고 그 안에서 살아간다.
업이 같은 동업중생들이 공동으로 구축한
환경과 의식의 일세계를 일법계라 부르니
모두 십법계가 존재한다는 것이다. 이른바

지옥계 아귀계 축생계 인간계 아수라계 천계
성문계 연각계 보살계 불계의 십법계이다.

십법계가 공간적으로 실재하는 세계인가
오직 의식의 세계인가 하는 문제는
근기가 다른 중생들이 그 세계관에 의해서
이해하는 관점을 달리 할 수가 있다.
세계의 유무가 아니라 근기의 문제이니
한쪽에 집착하여 다른 하나를 부정하면
그로 인해 분별의 망상에 떨어지게 된다.
다만 얕은 법으로부터 점차 깊은 법으로
꾸준히 정진하면 자연히 알게 될 것이다.

6. 정토교의 중생 분류

정토와 염불을 근본으로 삼는 정토경전은
염불인을 다양한 모습으로 분류하였다.
『무량수경』에는 이와 같이 분류하였다.
관상염불을 행하는 출가자는 상배

재가자 중에 관상염불이 가능하면 중배
염불 또는 관상염불을 할 수 없으므로
육자명호만 부르게 되면 하배라고 하였다.

또 삿된 믿음을 지니고 있으면 사정취邪定聚
믿음이 결정되지 않으면 부정취不定聚
바른 믿음이 결정되면 정정취正定聚라고 하였다.
정정취는 위로 발심에서 물러나지 않고
아래로 삼악도에 떨어지지 않는 지위로
보살계위의 십해 초발심주에 해당한다.
염불의 제일 목적은 정정취가 되는 것이다.

『관무량수경』에는 범부인 중생들을
선악의 업에 따라서 상중하 삼품으로 나누고
다시 각 품을 업에 따라 상중하로 나누어
일체의 범부를 구품의 중생으로 분류하였다.
태생으로 정토에 태어나 변지에 머물게 되면
구품의 중생에 속하지 않으며 500세 동안
불법을 듣지 못하고 광명을 보지 못하게 된다.

불교에서 중생의 심리 분석과 분류는
지금껏 인류가 탐구한 성과보다 더할 것이다.
왜 이와 같이 모든 교학에서 한결같이
여러 부류의 중생으로 분류하였을까.
그것은 일체 중생의 마음을 깊이 헤아려서
모두가 근기에 알맞은 방편의 교법에 의지해
지혜와 안락을 얻도록 하기 위함일 것이다.

제3장 중생을 교화하는 지혜

제1절 인천교
제2절 육도 윤회설
제3절 대기설법
제4절 상구보리 하화중생
제5절 일심정토

불교에 대한 인식과 가치

제3장은 '중생을 교화하는 지혜'인데 이는
불교에 대한 인식과 가치를 서술한 것이다.
불교를 인식하는 데 있어서 첫 번째 문제는
불교도 종교에 속하지만 일반의 종교와는
그 개념이 다르다는 것이다. 일반의 종교는
'신 또는 신성한 힘과 인간과의 관계를 설하는
가르침[religion]'으로 이해한다. 대부분의 종교는
불교에서 인천교人天敎라 부르는 교법에 속한다.
불교는 '세계와 인간의 존재방식[세계관]'에 대한
근본 가르침[宗敎]' 또는 '종교[religion]를 초월한
깨달음과 지혜'라고 알아야 불교에 부합한다.

불교를 인식하는 데 있어서 두 번째 문제는
불교 안에 교리의 차원이 다른 다양한 교법이
섞여 있다는 것이다. 이 문제를 이해하도록
노력한 것이 조사들의 교상판석敎相判釋이다.
교상판석은 대기설법對機說法을 내용에 따라
분류한 것으로 선교일치禪敎一致를 주창한

규봉종밀(780~841. 당)이 『원인론』에서 밝힌
오교가 가장 잘 정리된 것으로 평가되고 있다.
종밀은 [논]에서 도교와 유교와 불교의
세계관을 비교하며 불교의 교법이 뛰어남을
세상에 전하여 일세를 풍미했다고 전해온다.
이 [논]의 독창성은 불교의 교법 안에도
인천교가 있음을 긍정하고 그것은 불교의
본래의 뜻이 아닌 방편교설이라고 한 것이다.

이 장은 부처님이 방편의 지혜로 설하신
인천교를 자세히 해설하고, 대기설법인
소승교 법상교 파상교 일심교 정토교의
대강을 이해할 수 있도록 서술하였다.
또 '일체경계 본래일심'의 뜻을 밝히고
'상구보리'로 나아가는 네 가지 진실의 지혜와
'하화중생'을 실현하는 신행체계를 서술했다.
끝으로 일심과 아미타를 법으로 삼아서 닦는
일심정토를 불교의 최상의 가치로 파악하고
그 염불수행의 묘하고 뛰어남을 서술하였다.

제1절 인천교

1. 모든 종교에 인천교가 있다

불교 안의 인천교는 십선업을 근본으로 선악의 업을 짓는 경중에 따라서 천상계 또는 인간계에 태어나게 된다는 교법이다. 열 가지 선업[십계, 십선업]은 다음과 같다.

생명을 죽이지 않는다.[不殺生]
도둑질을 하지 않는다.[不偸盜]
삿된 음행을 하지 않는다.[不邪婬]
거짓말을 하지 않는다.[不妄語]
속이는 말을 하지 않는다.[不綺語]
이간질을 하지 않는다.[不兩舌]
거친 말을 하지 않는다.[不惡口]
오욕을 부리지 않는다.[不貪愛]

함부로 화를 내지 않는다.[不嗔恚]

삿된 견해를 내지 않는다.[不痴暗]

『원인론』에서 이와 같이 말씀하셨다.

 부처님께서
 처음 신심을 일으킨 사람들을 위하여 먼저
 삼세의 업보와 선악의 인과를 말씀하셨다.

 상품의 십악을 짓게 되면
 죽어서 지옥계에 떨어지고
 중품은 아귀계에 떨어지고
 하품은 축생계에 떨어진다는 것이다.

 부처님께서 또
 세속의 오상五常과 같은 가르침으로
 오계五戒를 지녀서 삼악도를 면하고
 인간계 가운데 태어나도록 하셨다.
 또 상품의 십선 보시와 계율 등을 닦아서
 욕계의 여섯 천상계에 태어나고
 사선四禪과 팔정八定을 닦아서

색계와 무색계에 태어나도록 하셨다.
그러므로 인천교라고 이름한다.

『원인론』에서 밝힌 인천교人天教는
삼세의 업보와 선악의 인과를 근본으로
육도 윤회설을 논리정연하게 서술하였다.
[논]의 정교한 해설을 자세히 보게 되면
육도 윤회설의 결정체임을 알 수 있다.
모든 종교에는 내용만 차이가 있을 뿐
인천교와 비슷한 교법을 설하고 있으며
사실 인천교가 전부인 것이 대부분이다.

종교의 기본인 인천교는 어떤 것인가.
첫째 교법에 계율과 선업을 명시한다.
둘째 교법을 어기면 지옥에 떨어지고
교법을 잘 수지하면 천국에 태어난다.
계율은 자율적이지 않고 배타적이며
인간이 선악의 과보를 받는 세계는
지옥과 천국이라는 양극에 놓여 있다.

2600년 전에 설해진 불교의 인천교는
다른 종교에 비해 너그러운 교법이다.
선악의 기준으로 삼는 계율은 자율적이며
인간으로서 당연히 지켜야 할 십계이다.
악업의 과보는 지옥계 아귀계 축생계다.
선업의 과보는 인간으로 다시 태어난다.
천계도 선정의 깊이에 따라 세 단계가 있다.
과보는 한 곳에서 영원히 받는 것이 아니라
과보를 받고나면 더 나은 곳에 태어나며
인간계에서 깨달을 때까지 육도를 윤회한다.

인천교는 불교 안의 다른 교법들보다
교리를 이해하기도 쉽고 계율에 있어서도
인간이면 누구든지 행해야 할 것들이다.
그러나 불교 안에서도 인천교를 비판한다.
불교의 무아사상과 어떻게 양립할 수 있는가.
모든 동물을 포함한 육도의 윤회가 가능한가.
종교적 신념으로 믿는 것이며 실제는 허구다.
부처님의 뜻이 아니라 하근기의 방편설이다.
이러한 비판과 논쟁은 아직도 끝나지 않았다.

육도 윤회를 근본으로 설하는 인천교는
모든 종교에서 기본으로 삼는 교법인데
불교에서는 오히려 그 지위를 상실했다.
인천교가 무시되면 깨달음만 강조하고
종교의 도덕성과 윤리성이 무너져서
안심과 희망이라는 기능을 잃게 되고
결국 탈종교화는 더욱 심화될 것이다.

바른 수행은 지혜와 안락을 얻지만
그것은 인과를 바탕으로 이루어진다.
선악의 인과가 합리적으로 해설되면
오늘날처럼 죄악이 만연한 사회에서
윤리와 도덕을 요구하는 일반 대중이
공감하며 받아들이고 실천할 것이다.

대부분의 종교는 인천교를 벗어나지 않는다.
다음 장은 인천교를 자세하게 해설하였으니
일반 종교의 대강을 이해하는 기회를 갖고
불교의 본래의 뜻과 비교해 보기를 바란다.

2. 인천교의 교법

> 부처님께서
> 처음 신심을 일으킨 사람들을 위하여 먼저
> 삼세의 업보와 선악의 인과를 말씀하셨다.

인천교는 『아함경』에 포함된 교법인데
논주인 선각자가 소승의 교법과 분리하여
하나의 교법으로 정립하고 해설한 것이다.
'처음 신심을 일으킨 사람들'은
불교의 근본교리인 사성제와 팔정도
십이연기의 이치도 모르는 사람들이다.
또 제행무상 제법무아 열반적정이라는
삼법인도 잘 알지 못하는 사람들이다.

이들이 대개 익숙하게 듣거나 아는 것은
'금생에 악업을 많이 지으면 죽은 뒤에
내생에는 삼악도에 떨어지고
선업의 공덕을 많이 쌓으면
인간계나 천상계에 태어난다.'

이 정도의 수준이며 좀 더 알고 있다면
육도 윤회를 벗어나기 위해서는 반드시
바른 수행을 해야 한다고 말할 것이다.

육도는 삼악도인 지옥계 아귀계 축생계
인간계 아수라계 천상계를 일컫는다.
육도六道는 여섯 갈래의 길 또는 세계이다.
인간계는 성문과 연각과 대승의 보살처럼
수행의 방편을 닦지 않는 사람을 말한다.
이들은 동물이나 사람의 몸속에는
영원히 변하지 않는 실체가 있으며
죽으면 살았을 때 지은 선악의 업을
그 영혼이 실어서 육도를 윤회하며
과보를 받는다고 믿는 범부를 말한다.

이런 사람들에게 그들이 지니고 있는
관념에 맞추어 설한 것이 육도 윤회설이다.
'삼세의 업보와 선악의 인과'를 설한 것이다.
삼세의 업보는 과거 현재 미래에 받는 몸과
환경의 조건을 포함하여 말하는 것이다.

선악의 인因은 현재 짓는 선업과 악업이다.
선악의 과果는 육도의 한 곳에 태어나는 것이다.

『원인론』에서 밝힌 육도 윤회설은
논리가 매우 정연하고 분명하며
다양한 해석이 가능하도록 설해진
전무후무한 뛰어난 저술이다.
논주의 해설은 풀어서 알기 쉽게 하고
이해를 돕기 위해 견해를 덧붙였다.

① **삼악도에 떨어지는 악업**
열 가지 악업
생명을 죽이는 악업. 도둑질을 하는 악업.
삿된 음행을 하는 악업.
거짓말을 하는 악업. 속이는 말을 하는 악업.
이간질을 하는 악업. 거친 말을 하는 악업.
오욕을 부리는 악업. 함부로 화를 내는 악업.
삿된 견해를 내는 악업.
위의 십악이 심하면 상품 중간이면 중품
약하면 하품이 되어 미래에 그 과보를 받는다.

> 상품의 십악을 짓게 되면
> 죽어서 지옥계에 떨어지고
> 중품은 아귀계에 떨어지고
> 하품은 축생계에 떨어진다는 것이다.

십악의 상품 중품 하품은
악업을 짓는 바의 대상이 무엇인가,
악업을 지을 때의 마음이 어떠한가,
여기에 따라서 결정된다.
탐욕과 성냄이 맹렬하고 어리석은 사람은
십계를 어기고 십악의 업을 지을 것이다.

상품은 부모[친연]를 죽이거나
화내는 마음이 매우 심한 경우이다.
중품은 부모 외의 사람[근연]을 죽이거나
인색한 마음이 매우 심한 경우이다.
하품은 동물이나 미물[증상연]을 죽이거나
어리석어 삿된 견해가 심한 경우이다.
살생의 행위 하나로 예를 들었으니
나머지는 여기에 준하면 알 것이다.

선악의 업을 짓는 원인은 마음이니
이 마음을 어떻게 쓰느냐가 중요하다.

'죽어서 지옥계 아귀계 축생계에 떨어진다.'
'떨어진다'는 '태어난다'와 의미가 다르다.
업식業識이 태어나는 것이 아니라
업력業力이 그 세계에 떨어지기 때문이다.

② 인간계에 태어나는 선업

> 부처님께서 또
> 세속의 오상五常과 같은 가르침으로
> 오계五戒를 지녀서 삼악도를 면하고
> 인간계 가운데 태어나도록 하셨다.

오상이 세속의 일반적인 가르침인 것처럼
오계도 특별하거나 배타적인 것이 아니라
불자들이 일상에서 닦아야 할 선업들이다.
선업을 닦는 것은 다음 생애에
부귀와 즐거움의 과보를 구하는 사람이
여러 가지 선업을 짓는 것이다.

선업인 오계와 오상의 관계는 이와 같다.
생명을 죽이지 않는 것은 인자함[仁]이다.
도둑질을 하지 않는 것은 의로움[義]이다.
삿된 음행을 하지 않는 것은 예의[禮]이다.
거짓말을 하지 않는 것은 신의[信]이다.
술을 마시지 않는 것은 지혜로움[智]이다.

[논]에는 중품과 하품의 십선업을 닦아서
얻는 과보를 밝히지 않았다. 그 이유는
중품의 십선업은 인간으로 태어나는데
이미 오계의 과보를 밝혔기 때문이다.
하품의 십선업은 아수라에 태어나는데
사람들이 아수라[정의를 위해 싸우는 사람]에 대해
잘 모르기 때문에 생략한 것이다.

오계를 잘 지키면 삼악도를 면하고
인간으로 다시 태어나는 기회를 얻는다.
인간은 태생이니 모태에 업식이
유전자와 함께 들어가서 태어난다.

③ 천상계에 태어나는 선업과 부동업

또 상품의 십선 보시와 계율 등을 닦아서
욕계의 여섯 천상계에 태어나고
사선四禪과 팔정八定을 닦아서
색계와 무색계에 태어나도록 하셨다.

상품의 십선은 생명을 죽이지 않을 뿐 아니라
방생하고 죽어가는 생명을 살리는 일 등이다.
보시를 행하고 갖가지 계율을 지키는 것은
선업이며 복업福業이라고 이름한다.
욕계의 여섯 천상계는 사왕천 도리천 야마천
도솔천 화락천 타화자재천으로
경관이 매우 아름다운 곳이라고 한다.

선업과 악업의 불복업不福業도 버리고
네 가지 선정의 부동업不動業을 수행하면
삼매에 따라 색계의 한 곳에 태어난다.
여덟 가지 선정의 부동업을 수행하면
삼매에 따라 무색계의 한 곳에 태어난다.
천상계는 모두 화생으로 태어난다.

선업도 악업도 아닌 부동업을 닦는 것은
아래로 괴로움과 거친 장애를 싫어하고
위로 청정하고 묘함도 멀리하는 사람이
사선과 팔정의 선정을 닦는 것이다.

인천교는 선악의 인과를 육도윤회로 설했다.
일생에 지은바 선악의 업은 소멸하지 않고
업식에 남아 있다가 육도의 한 곳에 태어나
반드시 그 과보를 받게 된다는 이론이다.
그러나 윤회설은 교법마다 해석이 다르니
다음은 그 점을 살펴보기로 하겠다.

제2절 육도 윤회설

1. 인천교와 소승교의 업식 유전

사람의 업식業識이 유전하는 방식은
일반적으로 이와 같다고 말할 것이다.
남녀가 장성하여 결혼을 하게 되면
아버지의 정기와 어머니의 혈기가
모태에서 결합하여 몸을 이룬 뒤에
부모와 닮은 자손이 태어나게 된다.
이처럼 업식이 자손에게 상속되는 것은
유전자이론으로 충분히 설명할 수 있다.

불교는 업의 인과를 매우 구체적으로 설한다.
인간은 과거에 삼업으로 선악의 업을 짓고
현재에는 그 업식의 과보를 받게 된다.
과보를 받으면서도 삼업의 업력[관성력]으로

또다시 선악의 업을 지어서 업식을 이룬다.
현재의 업식은 미래로 상속되기 때문에
미래에도 반드시 그 과보를 받게 된다.

또 유전된 업식에는 미래에 볼 세계의 모습
미래에 받을 육근을 포함한 몸의 형질
삼업을 지은 과보의 종자[유전자]가 들어 있다.
종자는 살면서 축적한 만업滿業을 담고 있다.
만업은 사람마다 다른 성품 능력 남녀의 구별
현명함과 우둔함 등의 인자를 말하는 것이다.
이 논리를 금생의 과거 현재 미래로 생각하면
지극히 당연한 이치로 받아들일 것이다.
그러나 불교는 사람이 죽은 뒤에도
그 업식이 소멸하지 않고 남아 있으며
지옥 아귀 축생 인간 아수라 천인으로
윤회하며 과보를 받게 된다고 말한다.
이것이 이른바 불교의 육도 윤회설이다.

인천교와 소승교는 이와 같이 말한다.
사람이 목숨을 마치면 생전에 지은 업이

모이고 응결하여 몸에서 분리되는데
이를 중음신中陰身이라고 부른다. 중음신은
선악의 업을 빠짐없이 싣고 있으며
그 업에 따라 반드시 과보를 받기 때문에
육도 중의 한 곳에 몸을 받아 태어난다.
그곳에서 과보를 모두 받고나면
다시 다른 곳으로 옮겨 태어난다.

탐욕과 성냄과 무명의 업식이 남아 있으면
육도를 돌고 도는 윤회는 그치지 않는다.
이와 같은 업식의 육도 윤회설은
두 가지 해결해야 할 난제를 안고 있다.
하나는 업식의 윤회설을 부정해버린다면
근기에 따라 설해진 교법은 소용이 없고
선업과 악업의 인과도 없게 될 것이다.

다른 하나는 자신이 지은 선악의 업이
모두 소멸되지 않고 육도를 윤회하면서
과보를 받게 된다면 무아사상에 어긋난다.
이런 이유로 윤회설의 논쟁은 끝이 없다.

그렇다면 무아사상에 어긋나지 않으면서
선악의 인과가 분명한 윤회 이론은 무엇일까.

2. 대승의 의식 유전

대승은 육도 윤회설을 이와 같이 말한다.
범부와 소승은 삼계와 육도가 실재하고
색수상행식의 오온이 소멸되지 않으며
영원히 실재한다는 관념이 매우 깊다.
소승은 색수상행식 오온을 법으로 삼고
그것들이 실체가 있다고 여기는 것이다.
따라서 세계의 현상을 분별하고 집착하는
근기에 응하여 육도 윤회를 설해야 한다.
그러나 대승은 마음 하나를 법으로 삼으니
이것이 바로 소승과 다르다는 것이다.

대승이 법으로 삼는 하나의 마음은
중생의 마음이며 이를 일심이라고 이름한다.
대승은 오직 이 일심을 법으로 삼는다.

일심 하나를 법으로 삼기 때문에
일심 밖에 어떤 법도 실재로 인정하지 않는다.

만 가지 경계가 일심 안에 들어 있다.
삼계와 육도 그 괴로움의 세계인 예토와
자연과 생명이 청정하고 안락한 정토
삶과 죽음 그리고 그것이 끊어진 열반도
일심이 만들어내는 것이지 따로 있지 않다.
이것을 '일체경계 본래일심'이라고 말한다.

그러나 삼세 중에 경계에 어리석은 무명이
자신의 일심을 미혹하여 마음 밖에
삼계와 육도 오온이 실재한다는 관념으로
탐욕과 성냄 등의 모든 번뇌를 일으킨다.
또 지옥 아귀 축생 인간 아수라 천인 같은
육도의 의식으로 선악의 업을 번갈아 짓는다.

무명이 짙어서 오욕과 성냄이 강렬하면
삼악도의 업을 지어 심한 괴로움을 겪는다.
하룻날 한 생각에도 일심의 바다에서

지옥 등 육도의 의식을 번갈아 일으키며
오르고 내리기를 수없이 반복한다. 이것이
일심을 미혹한 의식의 육도 유전이다.

육도의 번뇌와 선악의 업과 일체 경계가
자신의 마음인 일심을 벗어나지 않는다.
주관은 보는 마음 경계는 보이는 마음이다.
'일체경계 본래일심'은 본래 그러한 도리다.
이 일심의 도리를 우러러 믿어야 한다[仰信].

일체경계 본래일심의 도리를 앙신해야
육도 중생의 마음을 깊이 헤아리고
비로소 보리심의 큰마음을 일으킬 수 있다.
발심한 사람은 반드시 일심의 근원에 돌아가
일심 안에 육도 중생을 모두 제도하고
갖가지 방편으로 보살행을 실천할 것이다.

이와 같은 대승의 논리는 지당하다.
그러나 삼계 육도의 세계관을
마음의 산물인 허구의 세계라고 버리게 되면

일심의 법을 감당하지 못하는 근기들은
그 가치관을 잃어버려 제도할 수 없을 것이다.
그러므로 소승과 대승이 공유할 수 있는
무아의 윤회 이론이 정립되어야 한다.

3. 무아의 윤회 이론

사람이 죽으면 인업引業이 형성된다.
인업은 목숨이 다하려고 할 때에
일생에 지은 총체적인 업을 이끌어서
다음 생으로 나아가는 동력을 말한다.
인업에 따라서 육도 중에 한 곳이 결정된다.
육도六道는 여섯 갈래의 길 또는 세계이다.

목숨을 마치면 인업이 몸에서 분리되어
허공에 머무는데 이를 중음신이라 한다.
중음신中陰身은 업식이 아니라 업력이며
삼업의 업력인 생명의 에너지다.
중음신은 실체가 없는 무아의 업력이다.

중음신의 업력은 허공에 머물면서
동일한 업이 모인 세계를 바라보면
자연히 그곳으로 향하여 나아간다.
무명이 두텁고 상품의 악업을 지은 업력은
땅속의 지옥계에 떨어져서 갇히게 된다.
지옥地獄은 인간이 알 수 없는 종교의 세계다.

탐욕이 강하고 중품의 악업을 지은 업력은
땅의 후미지거나 어두운 아귀계에 떨어진다.
아귀餓鬼는 굶주린 귀신이라는 뜻이다.
아귀는 어두운 기운을 가리키는 것이다.
귀신이 몸에 붙어서 의지하는 경우가 있으며
그를 빙의憑依된 사람이라고 말을 하지만
사실은 병으로 의식이 혼란한 상태인 것이다.
귀신을 보았다고 하는 경우에도 그것은
마음에 나타난 허상을 보는 것일 뿐이다.

수동적이고 하품의 악업을 지은 업력은
마을에 사는 축생계에 떨어져서 함께 머문다.
축생畜生은 가축을 가리키는 것이다.

정의감이 강하고 하품의 선업을 닦은 업력은
땅 바로 위의 천상계인 아수라계에 머문다.
아수라阿修羅는 불법을 수호하는 신들의 상징이다.
아수라계는 인간이 알 수 없는 종교의 세계다.

오계를 수지하고 중품의 선업을 닦은 업력은
인간계에서 인연이 있는 사람들과 함께 한다.
생전에 지은 공덕과 은혜를 생각하고
그 삶의 모습을 따르면 함께 하는 것이다.
다음 생애에도 부귀와 즐거움을 누리며
안락하게 살기를 원하는 사람들을 위하여
선업을 닦아 인간으로 태어나게 하신 것이다.

육도 중에 천상계는 한 세계로 묶었는데
그 안에 세 층의 천상계가 있고 세 층에도
다시 여러 층의 천상계로 나누어져 있다.
여섯 층으로 된 욕계천과 색계의 4천과
무색계의 4천을 합하여 구천이라 부르니
불교에만 있는 세계가 아님을 알 수 있다.
천상계는 인간이 알 수 없는 종교의 세계다.

상품의 선업과 보시 계율을 닦은 업력은
욕계의 여섯 층 천상계[육욕천] 중에 머문다.
범부들은 대개 이렇게 알고 있다.
'육욕천에는 인간의 형상을 갖춘 천인들이
일하지 않아도 부귀와 즐거움을 누리고 산다.'
그러므로 그곳을 원하는 사람들을 위하여
선업을 닦아 육욕천에 태어나게 하신 것이다.

선업도 악업도 아닌 부동업을 닦은 업력은
높은 허공에 올라 색계와 무색계에 머문다.
부동업이란 범부가 닦는 선정의 수행이다.
네 가지 관법을 수행하면 색계에 머문다.

네 가지 관법의 선정과 그보다 깊은
네 가지 공성에 머무는 선정[八定]을 수행하면
천상계 중에 가장 높은 무색계에 머물게 된다.
색계와 무색계는 천인이 사는 곳이 아니라
청정한 생명의 에너지가 머무는 세계다.
그러나 삼계 안의 윤회하는 세계에 속한다.

색계와 무색계를 보이신 의도는
현재의 세상처럼 괴로움이 많고
자연이 혼탁한 것을 싫어하지만
청정하고 묘하고 장엄한 천상계를
원하지도 않는 사람들을 위하여
선정을 닦아서 색계와 무색계에
안주해 잠시 쉬도록 하신 것이다.

금생에 선악의 업을 지어서
현재의 몸으로서 괴로움과 즐거움의
과보를 받는 경우를 현보現報라고 한다.
현대사회는 인간이 지은 업의 과보를
금생에 받게 하는 조건들이 충분하다.

현세에 선악의 업을 지어서
바로 다음 생에 과보를 받는 것을
생보生報라고 한다. 자신의 업력이
자손과 사회에 영향을 미치게 되면
미래에 과보를 받는 줄 알아야 한다.

두 번째나 세 번째 생애 내지
미래의 여러 생에 과보를 받는 것을
후보後報라고 한다. 삼악도의 업력은
여러 생을 거쳐야 자연히 정화되니
선업을 닦을 수 없는 세계인 때문이다.
색계나 무색계에 태어날 업력은
광명의 인연을 만나면 단박에 깨달으니
청정한 생명의 에너지인 까닭이다.

육도의 업력은 선업과 악업과 부동업의
관성력이며 생명의 에너지다.
물들거나 청정한 생명의 에너지는
점차 공업력으로 바뀌게 된다. 그리고
자연과 생명들의 인드라망과 같은 관계에서
서로서로 영향을 주고받게 된다.
더욱이 사람과 사회의 의식과 삶에
넓고 깊게 영향을 미치게 된다.
이 문제는 마지막 장에서 밝힐 것이다.

제3절 대기설법

불교의 교법은 세계와 인간의 존재방식을
인과와 연기의 법으로 낱낱이 밝히고
인간의 가장 가치 있는 삶인 도道를 설하였다.
도는 인간이 가능한 위없는 지혜를 성취하고
안락安樂 곧 안심과 즐거움을 얻는 길이다.
도는 삶과 죽음의 괴로움을 벗어나는 길
정신적으로 진화하고 인격을 완성하는 길
자연과 일체 중생이 다 함께 행복한 길이다.

불교의 이치는 높고 깊고 분량이 방대하다.
그런 이유로 얕은 법에서부터 깊은 법으로
점차 들어가도록 불법을 이해하는 능력인
근기에 따라서 차원이 다른 도를 설하였다.
이러한 전법방식을 대기설법對機說法이라 한다.

중생의 근기가 다양하니 세계가 다양하고
그들을 모두 제도하려는 교법도 다양하다.
이 점이 불교를 이해하는데 어려움이지만
오히려 일체 중생을 제도하려는 깊고 넓은
대자비심의 발로임을 느낄 수 있다.
인천교는 앞에서 구체적으로 서술하였으니
여기서는 소승교부터 그 대강만 살펴보겠다.

1. 소승교

소승교小乘教는 『아함경』의 가르침이다.
자신의 지혜와 안락을 우선하여 수행하니
작은 수레와 같으므로 소승교라고 한다.
대개 자아와 경계가 실재한다는 관념으로
연기의 뜻을 모르는 사람들을 위한 교법이다.
색수상행식인 색심色心의 두 법을 근본으로
탐욕 성냄 어리석음을 소멸하는 수행으로
아공을 깨달아 열반에 이르도록 인도한다.
소승교는 주로 성문과 연각의 출가자들에게

사제법문과 십이연기를 중심으로 설하였다.

사제는 고집멸도이며 도의 근본원리다.
첫째 현실의 괴로움을 인식하고
둘째 괴로움의 원인을 알아서
셋째 괴로움을 소멸한 열반이 있음을 믿고
넷째 열반의 도를 수행해야 한다는 것이다.

소승교의 수행법에는 여러 가지가 있지만
그 중에 사제의 도인 팔정도를 제시하였다.
팔정도는 사성제에 대한 바른 이해[正見]
말과 행동에 앞선 바른 사유[正思惟]
바른 말[正語] 바른 행위[正業] 바른 직업[正命]
연기의 도리에 대한 바른 생각[正念]
바르고 정밀한 수행[正精進]
지혜를 얻는 바른 삼매[正定]이다.

소승교의 중요한 수행법 중에 하나는
십이연기의 순관順觀과 역관逆觀을 닦아
무아의 지혜를 깨닫게 하는 것이다.

십이연기는 앞에서 자세히 서술하였다.

또 근래에는 사념처 관법이 유행하고 있다.
색수심법의 네 방면을 관찰하는 수행법이다.
색色을 관하는 것은 애착하는 몸이란
더러운 것[不淨]이라고 관찰하는 것이다.
수受를 관하는 것은 세속적인 감정의 느낌은
결국 괴로움[苦]이라고 관찰하는 것이다.
마음[心]을 관하는 것은 범부의 마음이란
항상성이 없음[無常]을 관찰하는 것이다.
법法을 관하는 것은 일체 탐욕의 대상은
실체가 없음[無我]을 관찰하는 것이다.

2. 법상교

법상교法相敎는 『해심밀경』이 소의경전이다.
법의 현상에 대하여 광범위하게 논하고
법의 본성은 적게 논했으니 법상교라고 한다.

법상교는 만법유식萬法唯識 유식무경唯識無境의
도리를 모르는 사람들을 위한 교법이다.
인연으로 생겨나는 모든 법은 공하지만
현실적으로 마음과 경계가 있음을 긍정하고
일체 현상계의 모습을 논하는 것이다.

아뢰야식을 근본으로 삼아 분별하는 식識을
지혜로 전환하여 망심을 소멸하고
법공을 깨닫되 비유비무非有非無의 중도관으로
본래 청정한 여래장의 본성을 드러내어
자연과 중생이 청정한 정토로 인도한다.

법상교에서 근본으로 세운 아뢰야식은
미래에 나타날 세계의 모습[자연계]과
몸의 형질과 육근[根身] 및 선악의 종자를
빠짐없이 담고 있는 무몰식無沒識으로
윤회 이론의 합리적 근거를 제공한다.
그러나 아뢰야식 자체가 육근의 작용과
선악의 행위에 영향을 받아 변화하므로
현재와 미래의 식은 동일하지 않다.

3. 파상교

파상교破相敎는 반야부 경전이 소의경전이다.
모든 법의 본성[法性]인 공성의 이치로
소승의 법상인 오온을 깨뜨리고
대승의 법상인 아뢰야식을 깨뜨리기 때문에
모든 법상을 깨뜨리는 파상교라고 한다.

파상교는 연기의 도리에 의하여 아공과
법공을 깨닫지 못한 사람들을 위한 교법이다.
공성을 근본으로 아집과 법집을 깨뜨린다.

아집我執은 인아견人我見을 말하며 사람에게
실체의 자아가 있다고 집착하는 것이다.
법집法執은 법아견法我見을 말하며 모든 법에
변하지 않는 실체가 있다고 집착하는 것이다.

파상교는 반야[空·無相]를 근본으로 삼아
비유비무의 묘관찰지를 성취하고 발심하여
자리이타의 보살도를 실천하도록 인도한다.

발심發心은 원효의 『무량수경종요』에 의하면
'위없는 깨달음으로 가는 마음'이다.
번뇌가 무수하지만 모두 끊기를 원하고
선법이 무량하지만 모두 닦기를 원하고
중생이 무변하지만 모두 제도하길 원함이다.

4. 일심교

일심교一心敎는 대승의 모든 경론의 핵심을
하나로 꿰뚫은 『대승기신론』과
원효 성사의 일심사상에 의거한 교법이다.
중생심인 일심에 진여문과 생멸문을 열어
체상용 삼대와 그 지혜의 작용을 설하였다.

일체경계 본래일심의 도리를 알고
일심을 법으로 삼아 보리심을 일으키고[발심]
깨달음을 성취하여 그 지혜로 동체대비의
보살도를 실천하기 때문에 일심교라고 한다.
[논]의 '발심하여 도에 나아가는 모습을 분별함'

에서, 신성취발심 해행발심 증발심 하고
동체대비의 실현으로 중생을 이익 되게 하며
십지보살에 나아가는 모습을 밝혔다. 이것은
상홍불도上弘佛道 곧 위로 불도를 넓히는 것이다.

[논]을 설한 큰 뜻에서 '중생으로 하여금
의혹을 제거하고 삿된 집착을 버리게 하여
대승의 바른 믿음을 일으키고
불종자가 끊어지지 않게 하기 위한 까닭이다.'
라고 하였다. 이것은 하화중생下化衆生
곧 아래로 중생을 교화하는 요체이다.

의혹의 하나는 세계와 인간의 존재방식의
근본인 '법은 무엇인가' 하는 것이다.
대승은 일심을 유일한 법으로 삼아야
보리심의 큰마음을 일으킬 수 있게 된다.

의혹의 둘은 지혜에 들어가는 교문에서
'어떤 수행을 해야 하는가' 하는 것이다.
진여문에 의하여 지행止行을 닦고

생멸문에 의하여 관행觀行을 일으켜야 한다.
지관을 쌍으로 닦으면 모든 문이 통한다.
삿된 집착이란 아집과 법집을 말한다.

바른 믿음이란 무엇인가.
첫째 근본을 믿는 것이니
진여眞如의 법을 즐겨 생각하기 때문이다.
진여는 일심의 근원이며 만물의 근본이다.
둘째 부처님의 무량한 공덕을 믿고
셋째 법에 큰 이익이 있음을 믿고
넷째 승가의 자리이타 수행을 믿는 것이다.
불종자佛種子는 믿음을 성취하여 발심하고
정정취正定聚에 들어가는 것이다.

이와 같이 두 가지 의혹을 제거하고
삿된 집착을 버리게 되면 비로소
바른 믿음을 성취하여 발심하고[信成就發心]
상홍불도 하화중생의 수행을 잘할 수 있다.
신심이 성취되지 않아서 나아가지 못하면
염불을 권하여 닦게 해야 한다[勸修念佛].

제3장 중생을 교화하는 지혜 179

5. 정토교

정토교는 무량수경 관무량수경 아미타경을
근본경전으로 삼아 설하는 교법이다.
정토淨土는 '보살이 국토를 청정하게 하다.'
'본래 청정한 불토佛土'라는 두 뜻이 있다.
불토는 삼계 밖에 있으니 윤회하지 않는다.
정토교는 자연과 중생이 본래 청정한
불토에 태어나 물러남이 없이 정진하는
정정취에 들어가도록 인도하는 교법이다.
정토교는 불교의 발생지 인도에서 시작하여
중국을 거쳐 한국에 유입되었고 원효성사의
일심정토 교학으로 그 열매를 맺게 되었다.

마명(馬鳴, Ashvaghosa : 100?~160?. 인도) 보살은
『대승기신론』에서 이와 같이 말씀하셨다.

 첫 번째, 지止와 관觀의 두 가지 수행이
 원래 반드시 같이 이루어져야 함은
 새의 양 날개와 같고 수레의 두 바퀴와 같다.
 두 바퀴가 갖추어지지 않으면

실어서 운반할 능력이 없을 것이고
한 날개라도 없다면
어찌 허공을 나는 힘이 있겠는가.
그러므로 '지와 관이 갖추어지지 않으면
보리의 도에 들어갈 수 없다.'고 한 것이다.

두 번째, 중생이 처음 이 법을 배워서
바른 신심을 구하려고 하지만 그 마음이
겁이 많고 약하여 이 사바세계에 머무르며
스스로 모든 부처님을 항상 뵙고
친히 받들어 공양하지 못할까 두려워한다.
그가 걱정하면서 말하기를
'신심을 성취하기가 어렵다.'고 한다.
그러나 뜻에서 물러나려고 하는 이는
여래가 수승한 방편이 있어서 신심을 섭수해
보호함을 알아야 할 것이다.
부처님을 오로지 생각한 인연으로 원에 따라
타방불토에 나게 되어 항상 부처님을 뵙고
악도를 영원히 멀리하는 것을 일컫는 것이다.

경에서 '어떤 사람이 서방 극락세계의 아미타불을
오로지 생각하고 닦은 바의 선근을 회향하여
저 세계에 태어나기를 원하여 구한다면
곧 왕생하게 되어 항상 부처님을 뵙기 때문에
끝내 물러남이 없을 것이다.'라고
말씀하신 것과 같은 것이다. [수행신심분]

첫 번째는 지관의 중요성을 말씀하셨다.
두 번째는 지관수행이 어려운 사람들에게
안심을 얻는 법으로 염불을 말씀하셨다.

용수(龍樹, Nagarjuna : 150?~250?. 인도)보살은
최초로 정토교의 논리를 정립하였다. 그는
『십주비바사론』에서 이와 같이 말씀하셨다.

불법의 바다에 들어가는 데는
수많은 문이 있다. 마치 세상의 길에
어려운 길이 있고 쉬운 길이 있는 것과
같다.
육지의 길에서 걸어가는 것은 힘들고
바다의 길에서 배를 타는 것은
즐거운 것이니 보살의 길도 역시 이와 같다.

> 혹은 근행정진의 도가 있고
> [勤行精進道 : 힘들게 행하며 정진하는 길]
> 혹은 신방편 이행의 도로
> [信方便易行道 : 믿음의 방편으로 쉽게 행하는 길]
> 속히 불퇴전지不退轉地에 이르는 자가 있다.

불퇴전지는 범어 '아비발치'의 번역어이며
보살계위의 십해十解 초발심주와 같고
정정취正定聚에 들어간 사람을 말한다.
바른 믿음을 성취하고 발심하여 정진하니
삼악도로 물러나 떨어지지 않는 사람이다.
불자가 부처님의 종자를 이어가려고 하면
정정취에 들어가야 한다. 논의 [이행품]에서
말씀하신 것은 정정취에 들어가는 데에
난행도難行道와 이행도易行道가 있다는 것이다.
정토의 조사들은 모두 이 논의 뜻을 따랐다.

세친(世親, vasubandhu : 400~480년경. 북인도) 보살은
『왕생론』을 저술하여 정토와 염불수행의
교학을 최초로 정립하였다. 이 논의 사상은

원효성사(617~686)가 전적으로 수용하였으며
『아미타경소』에서는 모든 게송을 인용하였다.

중국의 조사들은 대개 말법시대 범부들은
번뇌가 치성하고 탐욕에 물들어 있어서
정정취에 들어가기가 어렵다고 하였다.
그러므로 아미타불의 본원력에 힘입어서
내세에 정토에 태어나서 윤회를 벗어나고
정정취에 들어가 보리심을 실천하는 길이
범부로서 최상의 선택이라고 하였던 것이다.
그 서방정토에 태어나는 수행법이 바로
'나무아미타불' 명호를 부르는 칭명염불이다.
이것이 일반적으로 말하는 정토교다.

원효성사는 정토경전을 자세히 보면
내세에 서방정토에 태어나는 길이 있고
금생에 정토를 감득하는 길도 있다고 하였다.
이것이 곧 현실 정토의 교법인 일심정토교다.

제4절 상구보리 하화중생

1. 인간의 존귀함

천지의 만물은 우주에 가득한 무량한 광명
청정한 생명의 에너지로부터 화생하였다.
하늘은 무수한 생명을 엄숙하게 관찰하여
보호하고 생각하는 만물의 존엄한 아버지다.
대지는 무수한 생명을 사랑으로 육성하여
꽃피우고 열매 맺는 만물의 자비한 어머니다.
하늘과 땅 사이에 존귀한 생명이 인간이다.

인간은 하늘과 땅을 잇고 바로 서서 걸으며
다리를 접어서 앉고 하늘을 향해 누워 잔다.
손과 발의 움직임이 자유롭고 뛰어났으나
수영을 배워야 헤엄치는 유일한 생명이니
몸 가운데 두뇌가 무겁게 발달한 때문이다.

인간은 눈 귀 코 혀 몸의 오근이 발달하여
경계를 관찰하고 사유하는 능력이 뛰어나다.
오관의 분별력이 밝고 의식이 총명하며
감정과 상상력이 풍부하고 생각이 많다.

인간은 몸짓과 말로써 감정을 표현하고
그림과 글로 뜻을 전달하고 역사를 서술한다.
집단으로 공동의 사회를 이루어 살아가고
불을 이용하여 음식을 만드는 지혜가 있다.
공동체의 안락을 위하여 선과 악을 구별해
지혜로써 몸과 말과 뜻으로 선행을 짓는다.
은혜를 헤아리고 감사하며 베풀 줄을 아니
인간은 하늘과 땅 사이에 존귀한 존재이다.

그러나 인간은 이처럼 존귀한 존재이면서
경계에 어리석어 오욕을 따르며 물들어서
삼악도에 떨어지는 양면성을 지니고 있다.
인간은 선업과 악업의 중간 지점에 있으면서
항상 불안한 존재로 살아가고 있기 때문에
수행하지 않으면 삼악도가 멀지 않은 것이다.

수행이란 인간의 근본을 믿고 행하는 것이며
그것은 곧 일체 중생이 소유한 불성 광명이다.
인간의 존귀함은 근본이 발현되는 것이며
그 중에 가장 중요한 것은 다음의 두 가지다.

인간이 존귀하다는 첫 번째는
육근이 경계를 바르게 인식하고
사유하는 능력이 깊다는 것이다.
인간이 존귀하다는 두 번째는
인연의 은혜를 알아서 감사하고
보은하는 능력이 크다는 것이다.

첫 번째 존귀함으로
세계와 인간의 존재방식에 의하여
위없는 부처님의 지혜를 믿고 깨달아서
불도를 넓히기 위해 보리심을 일으킨다.
두 번째 존귀함으로
모두가 안락한 정토 실현을 위하여
일체 중생이 근기에 따라 이익을 얻도록
발심의 꽃을 피우는 보살도를 구현한다.

위로 위없는 지혜를 구하여 불도를 넓히고
아래로 공동의 안락을 위해 중생을 교화하는
이것이 대승불교의 가장 이상적인 삶이다.

2. 일체경계 본래일심

믿음에 대하여 『대승기신론』에서는
마음의 근원이며 만물의 근본인 진여와
불법승 삼보의 공덕을 믿어야 한다고 하였다.
그런데 『무량수경종요』에서는
'일체경계 본래일심의' 도리를 들어서
일심을 대승의 유일한 법으로 삼아
부처님의 지혜를 우러러 믿으라고 하였다.
[논]과 [종요]는 말은 다르나 뜻은 같다.
일심을 법으로 삼아 무상보리를 이루고
깨달음으로 가는 법을 보인 것이 바로
부처님의 네 가지 지혜이다. 그러므로
먼저 일심의 도리와 그 뜻을 알아보고
다음에 네 가지 지혜에 대하여 서술하겠다.

①『대승기신론소』의 일심

『대승기신론소』에서 이와 같이 말씀하셨다.

> 염정의 모든 법은 그 성품이 둘이 없고
> 진망의 두 문도 다름이 있을 수 없기 때문에
> '일'이라 이름하는 것이다.
> 두 분별이 없는 것이 모든 법 중에 가득하나
> 허공과 같지 않아서
> 성품 자체가 신령하게 알기 때문에
> '심'이라고 이름하는 것이다.

염정染淨 곧 더러움과 깨끗함 예토와 정토 등의
모든 색법은 그 본성이 각기 다른 것이 아니라
분별하는 이 마음이 만들어 낸 것이다.
진망眞妄 곧 청정심과 분별심 열반과 생사 등의
모든 심법도 본래 두 문이 있는 것이 아니라
분별하는 이 마음이 만들어 낸 것이다.

색법과 심법의 갖가지 차별은 모두 다
마음 하나에서 조작된 것이라는 뜻으로
'일'이라고 이름한 것이다.

분별하는 마음이 일어나기 전의 본성을
진여라고 하는데 이는 만물에 가득하다.
사람의 본성은 목석이나 허공과 같지 않아서
성품 자체가 대상을 신령하게 알기 때문에
세상의 말을 빌려 '심'이라고 이름한 것이다.

신령하게 앎[神解]이란
대상을 밝게 비추어 아는 능력을 말한다.
이는 증득하여 아는 것이나 지혜가 아니며
경계를 반연하여 분별하는 앎이 아니며
진여 자체가 대상을 연하여 항상 아는 것이다.

일심은 청정심인가 진심과 망심이 화합한
중생심인가 하는 문제의 논쟁은
예로부터 지금까지 계속되고 있다. 그러나
[소]에서 일심은 중생심과 같다는 뜻을
이와 같이 말씀하셨다.

   심은 넓고 식은 좁은 것이니,
   심 안에 식이 포함되어 있기 때문이다.
   일심의 이문[진여문. 생멸문]은 넓고

식의 두 뜻[覺義, 不覺義]은 좁으니,
생멸문에 두 뜻이 포함되어 있기 때문이다.

'심은 넓고 식은 좁은 것이다.'라고 한 것은
일심一心과 유식唯識의 도리는 모두가
진망이 화합한 중생심을 말한 것이지만
두 뜻을 풀이하는 데 있어서 넓음과 좁음이
다를 뿐이라는 것을 나타낸 것이다.
일심은 진심과 망심이 번갈아 일어나는
중생심을 말하니 청정한 진심이 아니다.
만약 일심이 청정한 진심이라고 말한다면
진여에서 두 마음이 나오는 모순이 생긴다.

② 『무량수경종요』의 일심
『무량수경종요』에서 이와 같이 말씀하셨다.

　　예토와 정토는 본래 일심이요
　　생사와 열반도 궁극에는 두 경계가 없다.
　　세계가 끝이 없으나
　　허공 밖을 벗어나지 않는 것처럼
　　이와 같이 만 가지 경계가 끝이 없지만

모두가 일심의 안에 들어 있다.
부처님의 지혜는
모양을 여의고 마음의 근원으로 돌아가
지혜와 일심이 합해져 같아지니 둘이 없다.
시각始覺으로 곧 본각本覺과 같아지므로
한 경계도 이 지혜의 밖을 벗어나는 것이 없다.

이러한 도리로 말미암아
경계가 다하지 않음이 없고
한계가 있는 것이 아니니 무한한 지혜로
끝이 없는 경계를 비추기 때문이다.

예토와 정토 생사와 열반 등의 만 가지 경계
곧 물질의 더러움과 깨끗함 등의 모든 현상
분별심과 청정심 등의 모든 마음의 경계는
변함이 없는 일정한 실체가 있는 것이 아니라
하나의 마음[중생심] 안에서 일어나는 것이다.

중생은 경계를 잘못 보는 무명으로 인하여
하나의 마음에서 갖가지 차별상이 생겨난다.

부처님은 모든 법이 공성임을 통찰하여[始覺]
망념을 여의고 마음의 근원[本覺]으로 돌아가
진여를 증득하고 무상보리를 이루셨다.
따라서 마음 자체가 지혜로 전환하게 되니
일체의 경계가 지혜의 모습인 것이다.
일체의 경계가 마음 안에 있기 때문이다.

'일체경계 본래일심'이라고 말한 것은
범부 중생이나 부처님이 다를 것이 없다.
그러므로 저 명제는 깨달아 얻는 것이 아니라
본래 그러한 도리를 세운 것이다.

『무량수경종요』에서는 일심에 대하여
이와 같이 누구나 이해하기 쉽게 해설하였다.
또 부처님의 지혜 발심 염불 정정취 등을
명료하게 밝혔으니 후세 조사들이 [종요]를
[소기신론]이라고 부른 것은 지당하다.
『무량수경종요』가 널리 대중화된다면
불교와 일심사상이 더욱 빛나게 될 것이다.

불교는 인과와 연기를 근본으로 가르친다.
그러나 인과因果에 집착하면 연기에 어둡고
연기緣起에 집착하면 일심을 알지 못한다.
연기하는 모든 법은 공성[緣起卽空性]이므로
일체 경계는 본래 일심이 짓는 것이다.

대승은 일심을 유일한 법으로 삼는다.
그러므로 처음에는 인과의 법을 알고
다음은 인연으로 생기하는 연기법을 익히고
끝으로 일체경계 본래일심의 도리에 의한
일심의 법과 깨달음과 지혜를 알아야
발심하고 무상보리를 향해 정진할 수 있다.

3. 상구보리의 지혜

부처님이 무상보리를 증득하신 뒤에
일체 중생이 영원히 생사를 벗어나고
깨달음을 향해 나아가도록 근기에 따라
펴 보이신 지혜는 대소승 경전에 수없이 많다.

범부 성문 연각 보살을 위한 지혜를 말한다.
그 중에 『해심밀경』을 근본경전으로 삼는
법상교에서 주장하는 부처님의 지혜이며
원효의 『무량수경종요』에서 자세히 밝힌
부처님의 네 가지 지혜가 단연 으뜸이다.

사지四智는 일심을 법으로 삼아 보인 까닭에
'일체경계 본래일심一切境界 本來一心'의 도리는
모든 지혜를 낳는 총체적인 지혜[總智]다.
네 가지 지혜는 상구보리의 지혜이니
위로 위없는 깨달음을 구하는 진실의 지혜다.
또 아래로 일체 중생을 구제하는 지혜다.
『무량수경종요』에는 지혜의 경계와 의혹을
자세하게 해설하였지만 여기서는
경계를 요약하고 간단한 해설만 붙였다.

① 성소작지

성소작지成所作智는

불가사의한 일을 짓는다.

여섯 자를 넘지 않는 몸이지만

정수리를 볼 수 없고
털구멍의 양만큼도 늘이지 않고
시방세계에 두루 한다.
일념으로 명호를 부르면
여러 겁의 무거운 죄업을 영원히 소멸한다.
십념으로 명호를 생각한 공덕은
삼계 밖의 수승한 과보에 태어나게 한다.
이와 같은 일들은
낮은 지혜로 헤아릴 것이 아니다.
그러므로 부사의지不思議智라고 이름한다.

성소작지는 일체 중생을 구제하기 위해
지을 바 곧 변화를 성취한 지혜이다.
아미타불은 시방세계에 가득하신 몸으로
중생들의 행동과 말과 마음을 다 관하시니
이 보신의 경계는 지관의 염불로 감득한다.
일념으로 '나무아미타불' 명호만 불러도
금생을 마지막으로 윤회의 삶을 끊어버린다.
이것은 자력으로 이루어지는 것이 아니라
부처님의 본원력에 의해 이루어지는 것이다.

십념으로 염불을 행하면 삼매를 성취하여
정토의 청정한 공덕의 모습을 관할 수 있다.
번뇌와 죄업이 가득한 범부가 염불만으로
죄업이 소멸되고 정토에 태어나게 된다는
이 불가사의한 일은 낮은 지혜의 능력 곧
정정취 정도의 지혜로는 알 수가 없다.

성소작지는 범부로부터 보살에 이르기까지
일체 중생이 구제되고 깨달음을 얻는 지혜다.
성소작지는 부처님이 최후에 보이신 지혜다.
이 지혜는 범부가 합리적으로 이해할 수 있는
보편적인 진리를 설하신 지혜가 아니라
오직 진실한 믿음을 요구하는 종교의 지혜다.

② **묘관찰지**

묘관찰지妙觀察智는
말할 수 없는 경계를 관찰한다.
일체의 법은 모두 허깨비와 같고 꿈과 같아서
있는 것도 아니고 없는 것도 아니므로
말을 떠나고 생각이 끊어져

> 말을 따르는 자가 말하거나
> 헤아릴 수 있는 것이 아니다.
> 그러므로 불가칭지不可稱智라고 이름한다.

연기의 세계관은 불교의 근본이다.
세계와 인간의 존재방식은 연기다.
연기하는 모든 법은 실체가 없으니
무아로 존재하고 무아로 작용한다.
비유하면 허깨비나 꿈의 현상과 같다.

항상성의 실체가 없으니 있는 것이 아니며
실제의 현상으로 작용하니 없는 것도 아니다.
이것을 어떻게 표현해야 잘 알아듣고
어떻게 생각해야 옳다고 말하겠는가.

어떤 사람은 이런 말을 할 것이다.
'있는 것이 아니라면 없는 것이고
없는 것이 아니라면 있는 것이다.
있는 것도 아니고 없는 것도 아니라고 하면
이것은 말은 있으나 실제는 없는 것이다.'

그러나 이 사람은 뜻을 알지 못하고
말을 따르는 것이니 옳지 않은 것이다.
이러한 사람들이 있기 때문에 그 뜻을
말로 다할 수가 없는 지혜라는 것이다.

묘관찰지는 말로 표현하기 어렵지만
깨달은 자만이 아는 지혜가 아니다.
깨달음에 이르기 위해서는 누구든지
반드시 알아야 하는 진리의 지혜이다.

사람들은 대개 '있다' 혹은 '없다'라고
한쪽에 치우쳐서만 이해하게 되는데
이것이 바로 범부의 생각이라는 것이다.
범부를 뛰어넘는 생각이란 무엇인가.
'실체가 없으면서 작용하고 있다.'라고
비유비무非有非無의 중도中道로 관찰해야 한다.

실체가 없다는 것을 비유非有라 하고
작용이 있다는 것을 비무非無라 하며
둘을 동시에 관함을 '묘한 관찰'이라 한다.

'묘관찰지'는 지혜의 이름이고
삼매의 상태에서 마음으로 관찰하면
이를 '지혜智慧'라고 이름하는 것이다.
묘관찰지는 관찰하는 주관도 긍정하고
관찰할 바의 경계도 있음을 긍정하지만
범부를 뛰어넘은 바른 관찰의 지혜다.
그러므로 묘관찰지는 깨달음의 지혜다.

정신적 물질적 일체의 법은 비유비무다.
색법도 심법도 비유비무를 벗어나지 않는다.
번뇌는 실체가 없지만 끊는 수행이 없으면
곧 작용하여 괴로움의 과보를 초래한다.
선법도 실체가 없지만 닦는 수행이 있으면
곧 작용하여 공덕의 과보를 얻게 된다.

번뇌와 선법은 실체가 없는 줄 알지만
끊고 닦아야 할 것이 없다고 버리지 않고
발심하여 번뇌를 끊고 선법을 닦는다.
이러한 수행자의 발심은 불가사의하고
그 행과 과보 역시 불가사의한 것이다.

모든 법에 대하여 묘관찰지로 관하면서
발심하고 실천을 하면 정정취라 부르니
이는 범부를 뛰어넘은 보살에 속한다.
정정취보살이라야 부처의 종자를 잇고
깨달음을 구하며 중생을 교화할 수 있다.
지혜를 얻는 수행을 저버리고 복만 빌면
불교를 저급한 종교로 전락시키게 된다.
지혜로써 발심하지 않으면 보리심에서
물러나지 않고 정진하기가 어렵게 된다.
묘관찰지는 정정취에 들어가 보살이 되고
불법을 만대로 이어가는 깨달음의 지혜다.

③ 평등성지

평등성지平等性智는
널리 제도하며 소승을 향하지 않는다.
무아에서 즐겁게 지내기 때문에
나가 아닌 것이 없고
나가 아닌 것이 없기 때문에
평등하게 섭수하지 않음이 없다.
이러한 체성이 같다[同體]는 지혜의 힘으로

> 끝없는 중생을 널리 실어 모두가
> 무상보리에 똑같이 이르도록 한다.
> 그러므로 대승광지大乘廣智라고 이름한다.

평등성지는 일심의 근원으로 돌아가서
일체 중생이 평등한 성품임을 증득한 지혜다.
일체 중생의 성품은 진여 불성 광명이다.
이를 스스로 증명하니 증證이라 하고
깨달음으로 본각을 얻으니 득得이라 한다.

평등성지는 지혜의 이름이고
지혜의 모습은 일체 경계가 청정한 광명이다.
나는 보는 마음이고 경계는 보이는 마음이다.
세계가 대아大我이니 나가 아닌 것이 없고
나가 아닌 것이 없으므로 평등하게 섭수한다.
이와 같이 일체 중생의 성품이 동일하다는
지혜의 힘으로 발심하고 대비를 구현하여
다 함께 무상보리에 이르도록 인도한다.
이것이 자신의 안락만을 위한 소승과 다르다.
그러므로 대승의 광대한 지혜라고 이름한다.

평등성지는 묘관찰지를 얻고 발심하여
정정취에 들어가는 차원을 뛰어넘는다.
일체 중생의 성품이 자신과 동일하다는
지혜의 힘으로 동체대비를 구현하는 것은
인간으로 태어나 가장 위대한 행위이다.
그러한 수행자를 초지보살이라 부르니
보통 사람의 능력과 선행을 초월한 경지다.

초지보살에 이르는 깨달음이 어렵다는 것을
『무량수경종요』에서 이와 같이 말씀하셨다.
　　예토와 정토는 본래 일심이요,
　　생사와 열반도 궁극에는 두 경계가 없다.
　　그러하지만 근원으로 돌아가는
　　대각大覺은 공덕을 쌓아야 얻을 수 있다.
　　번뇌의 흐름을 따르는 오랜 꿈에서
　　단박에 깨어날 수 없다는 것이다.

[종요]의 글은 짧지만 세 방면에서
매우 깊고 많은 뜻을 내포하고 있다.
첫 번째는 일심의 도리를 밝힌 것이다.

중생의 마음인 일심은 고요하기도 하고
물결이 일어나기도 하는 바다와 같다.
번뇌의 물결이 일어나면 예토가 전개되고
삼매의 고요함을 이루면 정토가 나타난다.
생사윤회의 번뇌를 일으키고
열반적정을 이루어 고요하며
분별하는 망심을 일으키고
무분별의 진심을 이루는 것도
하나의 마음 안에서의 일이지
실재의 두 세계 두 마음이 없는 것이다.
이것이 '일체경계 본래일심'의 도리다.

두 번째는 일심의 도리와 일심의 근원을
분명하게 이해하도록 밝힌 것이다.
일심의 도리는 앞에서 서술한 것처럼
'만 가지 경계가 마음 안에 있다.'는
본래 그러한 도리를 말한 것이다.
일심의 근원은 예토와 정토 생사와 열반 등의
상대적 개념인 둘이 일어나지 않는 자리
곧 진여 불성 광명의 상태를 말한다.

따라서 일심의 도리는 누구나 이해하지만
일심의 근원으로 돌아가는 큰 깨달음은
깊은 수행의 공덕을 닦아야 한다는 것이다.
일심은 중생심인가 청정심인가 하는 문제를
[종요]에서는 이와 같이 분명하게 밝혔다.

세 번째는 번뇌와 업력이 깊고 강한 중생에게
선오후수先悟後修의 수행문을 권한 것이다.
중생은 경계에 어리석음과 탐욕과 성냄이
그 뿌리가 매우 깊고 업의 관성력이 강하니
단박에 일심의 근원으로 돌아가는
큰 깨달음을 얻기가 진실로 어렵기 때문이다.
그러므로 먼저 도리를 깊이 이해하고
신행체계에 따라 점차 닦아 들어가는
선오후수문에서 정진해야 한다는 것이다.

평등성지로 동체대비를 구현하는 보살은
인간의 몸으로 최고의 깨달음을 얻고
명실상부한 승보僧寶의 지위를 확보한다.
그러므로 세계와 인간의 존재방식인

철학과 방편의 지혜와 중생교화의 능력을
빠짐없이 갖추어야 함은 당연한 것이다.
이런 이유로 선오후수문을 권하는 것이다.
선오후수문은 정법을 선양하고
선지식을 배출하는 지름길이며
다 함께 지혜와 안락을 얻는 문
불교의 위대함을 빛내는 길이다.

④ 대원경지

여래의 대원경지大圓鏡智는
처음에 본식을 전환하여
비로소 마음의 근원으로 돌아가
일체 종의 경계를 원만히 비추지 않음이 없다.
그러므로 대원경지라고 이름한다.

대원경지는 여래의 깨달음인 무상보리 중에
최상의 지혜로 일체종지一切種智라고 이름한다.
대원경지는 커다란 거울에 일체의 경계가
모두 비치는 것처럼 광명으로 비추어서
세계의 존재방식을 전체적으로 아는 지혜다.

일체종지는 세계와 중생의 다양한 종류를
빠짐없이 다 비추어 아는 지혜라는 뜻이다.
세계가 끝이 없고 종류가 무수하여도
그 근본과 존재방식을 모두 비추어 안다.
중생이 끝이 없고 근기와 욕망과 성품도
천차만별이지만 그 인과와 존재방식을
모두 비추어 훤히 안다. 그러므로
대원경지 일체종지라고 이름한 것이다.

부처님은 처음 깨달음을 증득하셨을 때
단박에 아뢰야식을 청정으로 전환하여
일심의 근원으로 돌아가 무상보리에 이르고
대광명을 비추어서 대원경지를 증득하셨다.
대원경지는 부처님의 지위에서만 증득한다.

또 [종요]에서 이와 같이 말씀하셨다.
   앞의 세 가지 지혜 같은 것은
   보살이 점차로 얻을 수 있으나
   대원경지는 부처님만이 단박에 증득하니
   다시 나머지와 비교할 것이 없다.

불자들은 먼저 세계관과 깨달음과 지혜
신행체계 등의 이치를 이해하고 그 다음
수행문을 선택하여 정진해야 한다.
수행문에서 먼저 묘관찰지를 얻고
발심과 실천으로 평등성지를 얻는다.
성소작지는 무상보리에 의해 원만해진다.
대원경지는 끝없는 보살행으로 성취한다.

대원경지는 부처님만이 단박에 증득하셨다.
이러한 경우를 선종의 말을 빌려서 표현하면
흔히 돈오돈수頓悟頓修라고 일컫는 것이다.
단박에 보살도를 뛰어넘어 보리를 증득하면
자연히 무량한 공덕을 갖추게 된다는 것이다.
선종에서는 돈오돈수가 가능한 것이며
역사에 그러한 수행자가 있다고 말한다.

그러나 [종요]에서는 부처님만이 단박에
대원경지를 증득한다고 단호히 말씀하셨다.
거짓으로 깨달음을 증득하였다고 말하여
불자들을 현혹하거나 선량한 사람들까지

의심하게 하는 일들을 염려하신 것이다.
그리고 부처님의 뜻을 따라서 지혜와 수행이
영원히 이어지도록 선오후수를 말씀하셨다.

지혜를 이해하고 그에 상응하는
행으로 실천하지 않는다면 그것은
바르게 알거나 증득한 것이 아니다.
선오후수문은 이치를 바르게 알고
지혜에 상응하는 행위를 실천한다.
대중과 역사는 그것들을 증명하니
지혜와 보살행은 끊어지지 않는다.

⑤ **우러러 믿으라**
부처님의 네 가지 지혜를 우러러 믿고
쓸데없이 의혹을 일으키지 말아야 한다.
의혹이란 네 가지 지혜의 경계를 믿지 않거나
반신반의半信半疑 하는 것을 일컫는다.
믿음을 결정하여 발심해야 지혜를 성취하고
불도를 넓히며 보리로 향해 나아갈 수 있다.
'불교는 깨달음의 종교 지혜의 종교다.'

이렇게 말하면서 무상보리로 나아가는
지혜를 의혹한다면 이 사람은 어떤 품성일까.

『무량수경종요』에서 이와 같이 말씀하셨다.
> 한 품성[一性]이
> 진실하지 않은 사람[비질직인 : 非質直人]
> 삿되게 총명한 사람[사총인 : 邪聰人]
> 아만이 가득한 사람[아만인 : 我慢人]
> 얄팍한 도인[박도인 : 薄道人] 이러한 사람들은
> 네 가지 지혜를 분명하게 알지 못하고
> 네 가지 의혹을 일으키는 것이다.

'한 품성'은 본성을 말하는 것이 아니라
업력으로 익혀온 인격 또는 됨됨이를 말한다.
첫 번째 한 품성이 진실하지 않은 사람은
성소작지를 의혹하여 믿지 않는다.
이들은 부처님이 변화를 성취하신 뜻을
분명하게 이해하지 못한다. 그러므로
'범부는 번뇌와 죄업이 무거운데 어떻게
십념만으로 정토에 태어나게 되는가.'라고

의혹한다. 그러나 부처님은 큰 힘이 있어서
앉은뱅이가 이 힘에 의지하면 돛단배를 타고
하루에 천리를 쉽게 가는 것과 같고
천년 동안 쌓은 섶을 한 알의 성냥불로
하루에 다 태워버릴 수 있는 것과 같다.
도리가 이러한데 부처님의 힘을 의혹하니
이것은 품성이 진실하지 않기 때문이다.

또 부처님의 지혜를 믿고 염불해야 하는데
죄를 지으면 삼악도에 떨어지게 되고
복을 지으면 천상에 태어난다는 것을 믿고
공양물을 올리면서 다음 생을 기원하니
이것은 품성이 진실하지 않기 때문이다.

두 번째 품성이 삿되게 총명한 사람은
묘관찰지를 의혹하여 믿지 않는다.
'비유비무'는 모든 법의 보편적인 진리다.
그러나 이 뜻을 분명히 알지 못하기 때문에
'모든 현상은 깨달으면 없는 것인데
어리석으니 있게 되는 것이다.' 혹은

'유와 무의 중간을 관하는 것이 깨달음이다.'
이렇게 말하며 '나는 공을 깨달았다.' 혹은
'나는 중도를 관한다.'라고 말한다.
그러나 이 사람들은 유나 무나 중간에
집착하는 어리석음을 범하는 것이다.
이것은 품성이 삿되게 총명한 때문이다.

세 번째 품성이 아만이 가득한 사람은
대개 수행경력이 오래된 수행자로 이들은
평등성지를 의혹하여 믿지 않는다.
이들은 동체대비로 널리 일체 중생을
제도한다는 뜻을 분명하게 알지 못한다.
마음이 있는 자는 모두가 본성이 동일하니
중생이 끝없으나 부처가 끝없이 출현하여
다 함께 무상보리에 이르도록 인도한다.
그런데 이들은 '중생은 끝없이 태어나고
부처는 한 생애로 교화를 마치게 되는데
어떻게 모두가 제도되는가.'라고 의혹한다.
그리고 이들은 자신의 안락에만 집착한다.
이것은 마음이 좁고 아만이 가득한 때문이다.

네 번째 품성이 얄팍한 도인은
대개 명성이 세상에 알려진 수행자로 이들은
대원경지를 의혹하여 믿지 않는다.
이들은 일체종지의 뜻을 분명히 알지 못한다.
일체의 경계가 마음 안에 있기 때문에
지혜가 일심과 하나 되는 깨달음을 얻으면
세계가 끝이 없고 중생이 끝이 없어도
모두 비추어 훤히 알게 되는 것이다.
그런데 이들은 '세계가 끝이 없고
중생이 끝이 없는데 어떻게 다 아는가.'라고
의혹하며 믿지 않는다. 의혹에 그치지 않고
세상의 심리를 알아 자신의 명리를 탐내어
도인의 행적을 흉내 내는 행위를 일삼는다.
이것은 도를 닦지만 품성이 얄팍한 때문이다.

[종요]에서 이와 같이 말씀하셨다.

   어떤 이가 네 가지 의혹을 해결하지 못한다면

   정토에 태어나도 변두리 땅에 머물게 된다.

   어떤 이가 네 가지 지혜의 경계를

   분명하게 이해하지 못할지라도

스스로 겸손해하고 안목이 열리지 않아도
부처님을 우러러 생각하고
한결 같이 엎드려 믿어야 한다.
이와 같은 사람들은 그 행과 품계에 따라
정토에 왕생하여 변두리 땅에 머물지 않는다.
변두리 땅에 태어나 살게 되는 자는
별도의 한 부류로서 구품에 섭수되지 않는다.
그러므로 망령되게 의혹을 내지 말아야 한다.

부처님의 지혜를 의혹하면서 삼악도가
두려워서 염불한다면 정토에 태어나더라도
변두리 땅[邊地]에 태어나서 머물게 된다.
변두리 땅은 삼보의 법문을 듣지 못하고
무량한 광명을 감득할 수 없는 곳이다.
또 궁전이라고도 하니 설령 풍족하여도
자신만이 안락한 소승적인 삶을 말한다.

부처님의 지혜를 우러러 믿고 염불하면
이 땅에서 지은 지극한 정성과 행에 따라
정토에 화생하여 구품의 땅 한 곳에 태어난다.

구품의 땅은 어느 곳이든지 무량한 광명
그 청정한 공덕상에 감화되어 지혜를 얻는다.
이것은 부처님이 전하신 비밀한 약속이다.
변두리 땅은 구품의 땅에 속하지 않는다.

염불행자를 비롯한 모든 불자들은
부처님의 공덕을 우러러 생각하고
그 지혜를 한결 같이 엎드려 믿어야 한다.
'앙유여래 일향복신仰惟如來 一向伏信' 이를 줄여서
앙신이라고 하니 '우러러 믿으라'는 뜻이다.
이것이 위대한 성인이 자신의 경험으로
우리들에게 전하는 간절한 부탁이다.

부처님의 지혜를 쓸데없이 힘써
헤아리며 의혹하지 말고 우러러 믿고
오직 '나무아미타불' 염불에 집중해야 한다.
'우러러 믿음'으로써 윤회를 벗어나고
지혜를 성취하며 깨달음도 얻을 것이다.

4. 발심하고 실천한다

① **소승과 대승**
불교는 그 가르침이 광대하고 매우 깊어서
한마디로 단정하기가 어려울 정도이다.
그러므로 예로부터 경전의 내용에 따라
여러 차원의 교법으로 분류하는 작업을
시도해 왔으니 그것이 교상판석敎相判釋이다.
앞의 '대기설법'에서 보인 오교五敎는
교상판석 중에 최후에 완성된 좋은 예이다.

불교를 대별하면 소승과 대승이다.
소승은 혼자 타고 가는 작은 수레요
대승은 여럿이 타고 가는 큰 수레다.
어디서 어느 곳으로 가는 수레인가.
번뇌의 수풀에서 안락한 동산으로
번뇌의 범부에서 열반의 성인으로
무지의 무명에서 지혜의 광명으로
어둠의 계곡에서 광명의 평원으로
염오의 예토에서 청정한 정토로 간다.

소승과 대승이 가는 길은 다르지 않다.
단지 수레와 운전수의 마음이 다를 뿐이다.
수레는 부처님이 근기에 따라 보이신 법이요
사람의 마음은 스스로 지은 바의 업력이다.

소승과 대승의 법 그리고 그 마음이
어떻게 달라 같은 길 위에서 과보가 다른가.
소승은 오온인 색심을 법으로 삼아
탐진치를 소멸하며 열반의 안락으로 향한다.
열반으로 향하는 길은 지관을 닦는 것이다.
지관으로 아집을 소멸하면 열반을 증득한다.
아집은 자신에게 세계를 주관하는
실체의 자아가 있다고 집착하는 것이다.
소승은 오온이 실재한다는 관념으로 인하여
아공은 깨닫지만 법공을 깨닫지 못한다.

대승은 일심을 법으로 삼아 번뇌를 소멸하고
일심의 근원으로 돌아가는 수행을 한다.
그곳으로 돌아가는 길은 보리심을 일으키고
지관을 수행하여 묘관찰지를 증득하고

먼저 정정취에 들어가 물러나지 않는 것이다.
정정취는 묘관찰지인 비유비무의 지혜로
공동체의 안락을 원하여 발심하고 실천한다.
발심發心은 위로 무상보리를 구하고
아래로 중생을 교화하기를 원하여
마음을 일으키는 것을 일컫는다.
상구보리 하화중생은 대승의 근본정신이다.

② **무상보리로 가는 마음**
대승의 근본정신인 상구보리 하화중생을
실현하기를 원하여 마음을 일으키는 것을
발보리심 또는 발심發心이라고 한다.
이러한 까닭에 모든 대승경전의 곳곳에
발심이라는 말이 수없이 등장하게 된다.
그렇다면 발심은 어떤 의미가 있을까.

『무량수경종요』는 발심에 대하여
매우 자세하게 해설한 특별한 논서이다.
발심의 어원과 뜻을 이와 같이 말씀하셨다.
　'무상보리심을 일으킨다'는 것은

> 세간의 부富와 즐거움[樂] 및
> 이승의 열반을 돌아보지 않고 한결같이
> 삼신의 보리에 뜻을 두고 원하는 것이니, 이를
> '무상보리로 가는 마음[無上菩提之心]'이라고 한다.

'발아뇩다라삼먁삼보리심'을 줄여서
'발무상보리심'이라 하고 이를 번역하여
'무상보리심을 일으킴'이라고 한다.
이 말은 혹 이미 갖추어졌다고 생각하는
깨달음의 마음을 일으키는 것이 아니라
삼신의 보리에 뜻을 두고 원[發]하는 것이니
'무상보리로 가는 마음'이라는 것이다.
이를 줄여서 보리심이라고도 한다.
그러므로 보리심 또는 발보리심과 발심은
'무상보리로 가는 마음' 또는
'위없는 깨달음으로 가는 마음'을 뜻한다.

법신의 깨달음[覺]에는 두 가지 차원이 있다.
첫 번째 깨달음은 위없는 깨달음[無上覺] 또는
'무상보리'라고 하며 부처님의 깨달음이다.

무상보리는 삼신三身의 보리이니
모든 지혜를 포함하고 있기 때문에
법신 보신 화신 삼신의 지혜라고도 한다.

두 번째 깨달음은 큰 깨달음 또는
'대각大覺'이라고 하며 보살의 깨달음이다.
일심의 근원으로 돌아가 진여를 증득하고
법신을 성취한 초지보살의 깨달음을 말한다.
대각으로 동체대비의 보살행을 닦아야
삼신의 보리인 무상보리를 증득한다.

대승의 모든 불자는 믿음을 성취하여
발심하고 수행문을 선택하여 정진해야 한다.
발심은 무상보리로 가는 마음이다.
이 마음으로 묘관찰지를 얻어 실천하고
정정취에 들어가 대각과 무상보리로 향한다.

무상보리로 가는 마음을 지닌 사람은
세상 사람들이 좋아하는 재물을 탐내거나
오욕의 즐거움에 빠지지 말아야 한다.

또한 자신만을 위해 수행하는 마음을 버리고
공동체의 안락을 위한 큰 마음을 가져야 한다.
현대사회에서는 이것이 어려운 일이다.
이러한 이유로 발심에 두 가지를 두었다.
하나는 수사발심이요 둘은 순리발심이다.
중생의 마음을 깊이 헤아리고 보살피시는
성인의 지혜는 광대하여 높고 깊다.

③ 수사발심
『무량수경종요』에서 이와 같이 말씀하셨다.

> 수사발심隨事發心이란
> 해야 할 일을 따라서 발심하는 것이다.
> 번뇌가 무수하지만 모두 끊기를 원하고
> 선법이 무량하지만 모두 닦기를 원하고
> 중생이 무변하지만 모두 제도하기를 원하는 것이다.
> 이 세 가지 일을 결정하여 기약하고 원한다.
>
> 첫 번째 마음은 여래의 단덕斷德 정인이요
> 두 번째 마음은 여래의 지덕智德 정인이요
> 세 번째 마음은 여래의 은덕恩德 정인이다.

삼덕이 합하여 무상보리의 열매가 되니
이 세 마음은 모두 무상보리의 씨앗이 된다.
씨앗과 열매가 비록 다르지만
넓고 긴 양은 나란히 같으니 버리는 바가 없고
포용하지 않음이 없기 때문이다.

발심이 열매 맺는 과보는 비록 보리이지만
발심의 꽃이 피는 과보는 정토에 있다.
왜 그런가하면, 보리심의 양은 넓고 커서
끝이 없고 길이 멀어 무한하다. 그러므로
광대하여 끝이 없는 자연의 정토와
길이 멀어 무한한 중생의 수명을 감득한다.

보리심을 제외하면
저 자연과 중생의 과덕果德을 감당할 수 없다.
그러므로 이 마음을 설하여
정토에 태어나는 정인正因으로 삼았다.
이것이 수사발심의 모습을 밝힌 것이다.

수사발심은 지금 행하는 것이 아니라

앞으로 해야 할 일을 따라서 발심하는 것이다.
그러므로 대승의 불자는 누구든지 반드시
이 세 가지 일을 결정하여 기약하고
발심하여 수행문에서 정진해야 한다.

수사발심의 세 가지 마음은 삼신의 보리
무상보리의 씨앗이 되니 왜 그러한가.
번뇌가 무수하지만 모두 끊기를 원하는 것은
여래가 무수한 번뇌를 모두 끊어버리고
일심의 진여를 증득하는 단멸의 공덕으로
법신을 이루는 바른 씨앗이 된다.

선법이 무량하지만 모두 닦기를 원하는 것은
여래가 무량한 선법을 모두 닦아서
광명을 성취하는 지혜의 공덕으로
보신을 이루는 바른 씨앗이 된다.

중생이 무변하지만
모두 제도하기를 원하는 것은
여래가 무연無緣의 자비를 베풀어

중생을 제도하는 은혜의 공덕으로
화신을 이루는 바른 씨앗이 된다.
단멸과 지혜와 은혜의 공덕이 합하여
무상보리의 열매가 되니 발심한 세 마음은
모두가 무상보리의 씨앗이 되는 것이다.

발심의 씨앗과 보리의 열매가 비록 다르지만
씨앗이 안고 있는 광대하고 무한한 원력은
빠짐없이 보살행으로 상속되니 마침내
무상보리는 일체 중생을 끝없이 제도한다.

발심이 열매 맺는 과보는 보리이지만
발심의 꽃이 피는 과보는 정토에 있다.
발심의 목적은 무상보리의 열매에 있지만
그 열매는 발심의 꽃을 피워야 얻게 된다.
발심의 꽃은 지혜를 성취하여
보살도를 실천하는 것을 말한다.

발심의 꽃이 어떻게 피어나는가.
일심을 법으로 삼아 발심하고

묘관찰지인 비유비무의 지혜로
자연과 생명의 일체가 무량광 무량수이며
청정한 광명의 공덕상功德相임을 감득하여
일체 중생의 고뇌를 저버리지 않고
회향하는 삶으로 보살도를 실천한다.

이와 같이 발심의 꽃이 피는 곳이 정토다.
따라서 정토가 없으면 꽃을 피울 수 없으니
꽃이 피지 않으면 어디서 열매를 얻겠는가.
발심의 꽃을 피우는 지혜와 보살행이
보리의 열매를 맺게 하는 줄 알아야 한다.

무상보리심의 원대한 마음이 아니면
저 광대무변한 정토의 과덕果德인
자연과 중생이 청정한 공덕의 모습과
무량광 무량수의 정토를 감득할 수 없다.
그러므로 세 가지 마음인 발심을 설하여
정토에 태어나는 정인으로 삼은 것이다.

지금 믿음을 성취하여 발심의 씨앗을 심고

그 꽃을 피우기 위해 정진하면 이 땅에서
지혜를 얻고 정토를 감득할 수 있을 것이다.
정토에 태어나면 아무런 장애가 없는데
깨달음을 얻는 것이 어찌하여 어렵겠는가.
그러므로 큰 깨달음이나 무상보리보다
처음 믿음을 성취한 발심이 어려운 것이다.

④ 순리발심

『무량수경종요』에서 이와 같이 말씀하셨다.

순리발심順理發心이란
이치에 따라서 발심하는 것이다.
모든 법이 다 허깨비와 같고 꿈과 같아서
유도 아니고 무도 아니므로
말을 떠나고 생각이 끊어진 경계임을
믿고 이해하여 이 신해信解에 의해
광대한 마음을 일으키는 것이다.

비록 번뇌와 선법이 있음을 보지 못하지만
가히 끊고 닦을 것이 없다고 버리지 않는다.
이러한 까닭에

비록 모두 끊고 모두 닦기를 원하지만
무원삼매無願三昧를 어기지 않는다.
비록 무량한 중생을 모두 제도하기를 원하지만
제도하는 자와 제도 받는 자를 두지 않는다.
그러므로 공空과 무상無相의 이치를 따르는 것이다.

『금강경』에서 '이와 같이 무량한 중생을 제도하지만
실은 한 중생도 제도된 자가 없느니라.' 하시며
자세히 말씀하신 것과 같다.
이와 같은 발심은 불가사의하다.
이것이 순리발심의 모습을 밝힌 것이다.

수사발심은 물러나는 뜻이 있으므로
부정종성不定種姓인도 발심할 수 있다.
순리발심은 물러남이 없으므로
보살종성인이라야 일으킬 수 있다.
이와 같은 발심은 공덕이 끝이 없어서
설사 모든 부처님이 겁이 다하도록
저 모든 공덕을 연설한다 하여도
오히려 다하지 못하신다.

순리발심은 묘관찰지를 믿고 이해하여
그 이치에 따라서 발심하는 것을 말한다.
묘관찰지의 이치는 비유비무非有非無다.
모든 법은 실체가 있는 것이 아니지만
그 작용은 없지 않다는 것이다.

이치에 따라서 발심한다는 것은 무슨 뜻인가.
발심의 세 가지 마음을 간단히 말하면
'무수한 번뇌를 끊고 무량한 선법을 닦고
무변한 중생을 제도하기를 원하는 것이다.'
번뇌는 실체가 없지만 끊으면 지혜가 생기고
끊지 않으면 괴로움의 과보를 받게 된다.
선법도 실체가 없지만 닦으면 공덕을 쌓고
닦지 않으면 안락한 삶을 누릴 수가 없다.
그러므로 번뇌와 선법은 본래 공성이므로
닦을 것이 없다고 말하지 말아야 한다.

끊고 닦아야 할 것이 없는 줄 알면서
끊고 닦는 수행을 게을리 하지 않는 사람을
참다운 대승의 보살이라고 이름한다.

보살은 번뇌를 끊어도 지혜를 바라지 않고
선법을 닦아도 공덕의 과보를 원하지 않으니
얻을 만한 실체가 없는 줄 알기 때문이다.
그러므로 무원삼매無願三昧를 어기지 않는다.

보살은 중생을 제도하는 데 있어서도
나와 남이라 할 것이 없음을 알기 때문에
제도하고 제도 받는다는 관념의 상을 버리고
제도하기를 원하여 아낌없이 회향한다.
이것은 공空 무상無相의 이치를 따르는 것이며
공삼매와 무상삼매를 어기지 않는 것이다.

『금강경』에서 '무량한 중생을 제도하지만
실은 한 중생도 제도된 자가 없느니라.'고 하신
비밀한 말씀은 바로 묘관찰지의 지혜로
세 가지 삼매를 어기지 않고 행하는 것이다.

모든 법은 비유비무임을 믿고 이해하여
그 이치에 따라서 번뇌를 끊고 선법을 닦고
중생을 제도하기를 원하여 발심하는 것은

생각으로 헤아릴 수 있는 것이 아니다.
행함이 불가사의하니 공덕도 또한 그러하다.

대승은 누구든지 부처님의 지혜에 대한
믿음을 일으키고 수사발심을 해야 한다.
그러나 믿음이 결정되지 않은 사람[부정종성인]은
무상보리로 가는 마음에서 물러날 수가 있다.
순리발심은 믿음을 결정하고 이해가 깊어서
지혜로써 발심하기 때문에 물러나지 않는다.

순리발심한 사람은 보통의 범부가 아니며
성문과 연각과 천인의 의식을 뛰어넘으니
보살이라 이름하며 그 공덕은 무한하다.
보살은 행마다 불공이요 일마다 불사다.
그러므로 모든 부처님이 그 끝없는 공덕을
연설해도 다하지 못한다고 말씀하신 것이다.

5. 하화중생 권수염불

① 하화중생의 신행체계

대승의 근본정신은 '상구보리 하화중생'이다.
『기신론』은 위로 무상보리를 구하기 위해
발심을 거듭하며 불도를 넓혀 나아가는 것을
'상홍불도[상구보리]'라고 하였다.
또 중생에게 일심을 법으로 삼아 발심하고
지와 관의 행을 쌍으로 닦아서
아집과 법집의 집착을 버리고
바른 믿음을 일으키게 하는 것이
중생을 교화하는 요체[하화중생]라고 하였다.
바른 믿음이란 모든 법의 근본과
삼보의 공덕을 진실로 믿는 것이다.

『무량수경종요』에 의하면 '상구보리'는
성소작지 묘관찰지 평등성지 대원경지를
차례로 닦아서 성취해 나아가는 것이다.
[논]과 [종요]는 믿음의 대상이 다르고
요체를 말하고 풀어서 보인 것이 다르지만

둘의 속뜻은 다를 것이 없는 것이다.

대승의 신행체계

여기서는 '하화중생'을 [종요]에 의하여
대승의 신행체계로 정립하여 보였으니
근기에 관계없이 모든 불자에게 해당된다.
대승의 신행체계는 신심 안심 발심 수행
정정취 일심증득 여섯 문을 차례로 들어가며
믿고 이해하여 실천하고 증득하는 것이다.

제1 신심문

신심信心은 '일체경계 본래일심'의 도리에 의해
일심을 법으로 삼고 부처님의 사지四智인
성소작지 묘관찰지 평등성지 대원경지를
우러러 믿음 곧 앙신仰信하는 것이다.

제2 안심문

안심安心은 성소작지에 대한 진실한 믿음
또는 묘관찰지를 깊이 이해함으로써
안심입명安心立命의 경지에 들어가는 것이다.

곧 생사해탈과 도의 이치를 깨달아
마음이 편안하고 삼보에 귀명하여
자신의 본분을 다하는 것을 말한다.

제3 발심문

발심發心은 대승에 귀의한 모든 불자가
대승의 근본정신을 실현하기 위하여
큰 마음을 일으키는 것을 말한다.
무상보리로 가는 마음인 발심은
번뇌가 무수하지만 모두 끊기를 원하고
선법이 무량하지만 모두 닦기를 원하고
중생이 무변하지만
모두 제도하기를 원하는 것이다.

제4 수행문

수행修行은 염불 참선 주력 간경 등
여러 수행문 중에 자신의 환경과 근기에 맞는
하나를 선택하여 그 수행문 자체에 있는
신행체계에 따라서 정진하는 것이다.

제5 정정취문

정정취正定聚는 믿음을 성취하여 발심하고
무상보리로 가는 마음에서 물러남이 없고
삼악도로 물러나 떨어지지 않는 것이다.
정정취는 묘관찰지로 보살도를 실천한다.
이는 보살계위 십해 십행 십회향에 해당한다.

제6 일심증득문

일심증득一心證得은 일심의 근원으로 돌아가
진여를 증득하고 평등성지를 성취한다.
지혜가 일심과 하나 되는 큰 깨달음으로
공동의 안락을 위해 동체대비를 구현한다.

대승의 불자들은 삶의 모습과 근기에 따라
수행법이 다를지라도 믿음의 대상과
지향하는 궁극의 목표가 동일해야 한다.
믿음이 같고 목적하는 바가 같아야
다 함께 화합하며 정진할 수 있기 때문이다.

신행체계는 스스로 닦고 중생을 교화하며

다 함께 지혜의 완성을 이루어 나아가고
공동체의 안락한 삶을 성취하는 길이다.
지혜와 안락은 불법에 의지하여
자유를 누릴 수 있는 새의 양 날개와 같다.
그러므로 신행체계를 닦음에는
위로 지혜의 완성을 위한 구도수행과
아래로 공동체의 안락을 위한 회향이
균형을 이루어 나아가도록 힘써야 한다.

② **권수염불**

『기신론』에서 권수염불勸修念佛
곧 '염불을 닦기를 권함'에 대하여
그 뜻을 이와 같이 말씀하셨다.

  전념[專念 : 염불]의 방편을 보여서
  부처님 앞에 태어나 반드시 결정하여
  신심에서 물러나지 않게 하려는 때문이다.
  이익을 보여서 수행을 권하기 위한 때문이다.

『기신론소』에서 권수염불의 뜻을
이와 같이 말씀하셨다.

> 신심을 수행하는 법문을 나타냈지만
> 선근이 얕은 사람[薄善根者]은
> 즐겨 수행하려고 하지 않기 때문에
> 이익을 들어서 반드시 닦을 것을 권한 것이니
> 그러므로 [권수이익분]이라고 말한 것이다.

권수염불이란 염불의 방편과 이익을 보여
'염불을 닦기를 권한다.'는 뜻이다.
염불은 신심을 일으켜서 물러나지 않고
정진할 수 있는 최후의 방편이다.
염불은 정토에 태어나 부처님을 뵙고
금생에 윤회를 끊어버리는 이익을 얻게 한다.
이것이 염불을 닦기를 권하는 가장 큰 뜻이다.
부처님과 뛰어난 조사들이 한결같이
염불의 방편과 이익을 들어서 권하신 것은
중생의 근기와 역사관에 의한 것이다.

첫 번째 중생의 근기에 대해서 말해보겠다.
중생의 근기에 따라 설해진 모든 교법에는
믿고 행해야 할 신행체계가 정립되어 있다.

그 길에는 자신의 그릇만큼 얻을 수 있는
지혜와 복덕이 빠짐없이 갖추어져 있다.
그 이익은 바른 믿음 이해 실천의 과보이지
단박에 얻을 수 있는 신통한 방법은 없다.
만약 신행체계 밖에서 복혜를 구한다면
그것은 불교가 아니라는 것을 명심해야 한다.

대승의 신행체계는 스스로 수행하고
중생을 교화하며 다 같이 무상보리로 가는
바른 도이며 지혜와 복덕이 증장하는 길이다.
그러나 우러러 믿어야 할 지혜를 모르고
알아도 진실한 믿음을 일으키지 않으면
생사해탈의 확신이 없어 안심을 못 얻는다.
안심을 얻지 못하면 발심할 수가 없고
발심하지 않으면 수행문에 나아가더라도
수행의 장애를 만나면 곧 물러나게 된다.
오늘날 대부분 사람들은 여기에 해당되니
정정취에 들어가는 것이 어려운 일이다.

그러므로 역대의 조사들이 염려하는 것은

큰 깨달음을 얻는 자가 없어서가 아니라
부처의 종자가 끊어져버리는 것이다.
염불은 신심을 성취하고 정정취에 들어가
지혜의 생명을 이어가는 최후의 방편이다.
이것이 염불을 권하는 첫 번째 이유이다.

두 번째 불교의 역사관에 의해서
염불을 닦기를 권함에 대해 말해보겠다.
대개 모든 고등종교에는 역사관이 있는데
이는 세계와 인간의 존재방식이 변화하는
역사의 큰 흐름을 예견한 것을 말한다.

불교의 역사관을 예로 들면 이런 것들이다.
후오백세설後五百歲說은 부처님이 열반하신 뒤에
오백년을 단위로 변화가 일어난다는 것이다.
생사해탈을 이루는 사람이 많은 시대[해탈견고]
선정을 많이 닦지만 해탈이 적은 시대[선정견고]
경전만 보고 선정을 닦지 않는 시대[다문견고]
탑사조성에 힘쓰고 수행을 않는 시대[탑사견고]
명리를 구하며 투쟁을 일삼는 시대[투쟁견고]

이와 같이 구분한 것이며 2500년이 지나면
마법魔法이 강하고 정법이 쇠퇴한다는 것이다.

삼시설三時說은 정법正法시대 1000년
정법과 비슷한 상법像法시대 1500년
정법이 쇠퇴하는 말법시대의 구분이다.
이와 같은 삼시설에 의하여 지금은
어느 시대인지 또 사실인지 알 수 있다.

『대오탁경』에서 말법시대에 나타나게 될
불교의 오난五亂을 이와 같이 말씀하셨다.

첫째 미래세는 스님들이
재가자로부터 법을 배울 것이다.
둘째 재가자가 위에 앉고
스님들은 아래에 앉게 될 것이다.
셋째 스님들이 설법하면 받들어 행하지 않고
재가자가 설법하는 것을 최상으로 삼을 것이다.
넷째 낮은 가문에서 스님이 태어나 현재에 이르고
세간에서는 참된 도를 삼기 때문에 불법의 가르침이
자연히 밝혀지지 않고 삿된 것을 믿게 될 것이다.

> 다섯째 미래세에 비구는 처자를 두고
> 일꾼을 양육하며 살아갈 방도를 차리면서
> 단지 함께 다투고 소송하는 일에 힘쓰고
> 부처님의 가르침을 따르지 않을 것이다.

[경]에서 미래세는 불교의 주체인 승단에서
난리와 같은 상황이 일어날 것이라고 하며
그 예상되는 사건 중에 핵심을 들어 보였다.
상구보리 하화중생의 사명을 다해야 할
출가승단의 무능과 병폐가 난리의 근원이다.
지금은 오난의 시대다. 그럼에도 불구하고
놀라고 염려하는 사람을 보기가 어렵다.
정법수호 정체성확립 신행체계 계율 등에
관심이 없고 출가생활은 세속화되었다.
이러한 일들은 말법시대를 증명하는 것이다,

불교의 역사관은 부처님이 혜안으로
역사를 예견하신 것이지 결코 사람들을
불안하게 하거나 겁박하는 것이 아니다.
오직 중생들을 위해서 말씀하신 것이다.

『무량수경』에서 이와 같이 말씀하셨다.
> 미래세에 경의 진리가 다 소멸하더라도
> 나는 자비로써 불쌍히 여겨 특히 이 경을
> 100년 동안 더 머물게 할 것이다.

『아미타경』에서 이와 같이 말씀하셨다.
> 부처님은 사바세계의 오탁악세인
> 겁탁 견탁 번뇌탁 중생탁 명탁 가운데서
> 아뇩다라삼먁삼보리를 얻으시고
> 모든 중생들을 위하여 일체 세간에서
> 믿기 어려운 법[염불의 법]을 설하신다.

부처님은 수많은 대승의 경전에서
염불의 공덕과 이익을 말씀하셨다.
염불은 말법시대 오탁의 시대에도
그 위력을 발휘하는 희유한 법이니
세상 사람들이 믿기 어렵다고 한다.

부처님이 입멸하시고 안 계신 뒤에는
대승의 첫 번째 지혜로운 조사 마명

대승불교의 아버지로 칭송받는 용수
대소승 천부의 논사로 전해오는 세친
부처님과 조사들의 뜻을 공손히 받들어
불교의 궁극을 일심으로 결정한 원효
이와 같이 천년의 역사가 증명하는
조사들이 염불수행을 간절히 권하셨다.

위에서 말한 중생의 근기와 불교의 역사관
경전의 말씀과 조사의 권고 중에 하나라도
틀린 것이 있다면 의심할 수 있을 것이다.
그러나 현실과 조금도 어긋나지 않는다면
우러러 믿고 발심하여 염불을 닦아야 한다.

제5절 일심정토

오늘날은 대소승의 수행법들이 난립해 있고
시대상에 부응하고자 명상 마음치료법 등이
불교라는 이름으로 유행처럼 번지고 있다.
그러나 대부분 삼매를 통한 개인의 안심이나
일시적인 마음치료의 효과를 얻는 데 그친다.
또한 대승의 정체성 깨달음과 부처님의 지혜
발심 등을 포함한 구체적이고 체계적인
신행체계가 결여되어 있음을 볼 수 있다.
따라서 어떤 수행문도 대중화되지 않고 있다.

일심정토를 지향하는 염불수행의 오념문은
대승의 신행체계 안에서 모든 사람들이
자신의 근기에 따라 닦아 나아갈 수 있는
수행법이 체계적으로 완벽하게 갖추어졌다.

일심정토는 대승의 정신을 이 땅에서
실현하고자 발심하고 실천하기 때문에
최상의 가치인 '대승의 꽃'이라고 부른다.

1. 대승의 꽃 일심정토

① 대승불교
대승은 자신들을 큰 수레라 부르고
소승은 작은 수레라 불렀으니 그것은
법과 실천과 지혜를 얻는 데 있어서
그럴만한 이유가 있었기 때문이다.
소승은 오온의 색과 심을 법으로 삼고
자신의 열반을 얻기 위해 수행하며
아공을 깨달아 무아의 지혜를 얻는다.
대승은 중생의 마음인 일심을 법으로 삼고
일체 중생의 안락을 위해 발심하며
일체의 법이 공 무상이라는 지혜를 얻는다.

묘하고 평등하고 위없는 지혜의 불법에

소승과 대승의 법이 따로 있을 수 없으나
사람의 근기에 따라 법을 보인 것이다.
동일한 연기의 세계관을 믿는다고 하여도
사람마다 이해하고 실천하는 것이 다르다.
그러므로 부처님도 다양한 근기에 따라서
방편의 법을 보일 수밖에 별도리가 없었으니
이것이 중생을 교화하는 어려움 중의 하나다.
그러나 누구든지 어떤 신행체계를 실천해도
자신의 그릇만큼 이익을 얻게 되는 법이니
이것이 불법의 위대함이요 방편의 묘술이다.

부처님과 조사가 대승을 찬탄하는 것은
바른 앎과 깊은 삼매에서 한 발 더 나아가
공동체의 안락을 위해 발심하는 데 있다.
따라서 대승의 큰 뜻은 발심을 꽃 피우는
보살도의 실천에 있음을 알아야 한다.

앞에서 보인 대승의 신행체계는 너나없이
'상구보리 하화중생'의 근본정신[정체성]을
실현하는 선오후수先悟後修의 모범된 길이다.

여기에 대승의 신행체계를 요약하여 보이니
'불교의 큰 뜻'으로 명심하기를 바란다.

> 불교는 연기의 세계관을 근본으로 증득하신
> 부처님의 지혜를 믿고 이해하여 안심을 얻고
> 발심하여 수행문에 나아가 정정취에 올라서
> 위로 지혜를 구하고 아래로 중생을 교화하며
> 일심의 근원에 돌아가 동체대비를 구현하여
> 지혜의 완성과 안락한 삶을 성취하는 종교다.

② **일심정토의 뜻**
정토는 자연과 모든 중생이 청정하여
그 공덕의 모습을 끊임없이 주고받으며
광대하게 전개된 무량한 광명의 세계다.
경전과 논서에는 이러한 광명의 세계가
마음 안에 있다고 설하기도 하고[유심정토]
저 멀리 서방에 있다고도 설한다[서방정토].
그러나 부처님과 조사의 말씀이 다르지 않고
불교의 세계관에 어긋날 리가 없는 것이다.

원효성사는 소승과 대승의 모든 교법에서
서로가 다를 것 같은 교리로 말미암아
논쟁하는 모든 부류의 다툼을 화해하여
모두가 일심의 광대한 바다로 향하도록
탁월한 논리를 펼친 화쟁和諍의 제일 조사다.
성사의 화쟁 논리는 수많은 경론에 의거하고
자신의 큰 깨달음으로 결정한 것이었다.
그러므로 누구에게 인가를 받을 것도 없이
천년의 역사가 증명해 온 엄연한 진실이다.

일심정토는 바로 원효성사가 설한 교법이다.
일심의 법과 성소작지를 우러러 믿고
아미타를 법으로 삼아 염불을 수행하여
현실에서 정정취문에 태어나는 교법이다.
'일체경계 본래일심'의 도리에 의해
묘관찰지를 깨달아 비유비무의 지혜로
이치에 따라 발심하고 실천하는 수행자라면
누구든지 옳다고 증명하게 될 것이다.

정토가 마음 안에 있다고 하여도 옳고

중생의 마음 밖에 있다고 하여도 옳다.
그러나 마음의 안과 바깥 색법과 심법 등
한쪽에 집착하면 중도中道로 관할 수 없다.
마음과 경계가 하나 된 일심의 정토가
바르게 관찰하는 중도 그 지혜의 모습이다.
결론적으로 일심정토의 뜻은 이러하다.

> 일심정토는 '일체경계 본래일심'의 도리에 의해
> 현실에서 정토가 실현되는 것이다.
> 일심의 법과 성소작지를 우러러 믿고
> 아미타를 법으로 삼아 염불을 수행하여
> 이 땅에서 정정취문의 정토를 감득하고
> 순리발심하여 실천하는 국토를 말한다.

정정취문의 일심정토는 서방정토와
유심정토를 안고 일체 중생을 제도한다.
왜냐하면 대승과 소승을 널리 포용하고
범부와 성인[아라한]을 아울러 인도하여
더불어 수승한 곳에 태어나 다 함께
일심의 근원으로 향하게 하려는 때문이다.

정토를 감득한 모든 보살은 발심하여
그 꽃을 피우는 보살도를 실천한다.
'발심이 열매 맺는 과보는 보리이지만
발심의 꽃이 피는 과보는 정토에 있다.'
이 말씀을 실현하고 증명하는 것이다.
일심정토는 이 땅에서 발심을 실천하니
대승의 꽃 보리심의 꽃이라고 말한다.

일심정토 염불수행은
모든 종파와 모든 수행문을 통섭하여
양변의 집착 우열의 논쟁을 화해하고
소승과 대승 범부와 현성을 포용하여
일체 중생을 일심의 바다로 인도한다.
일심정토 염불수행은
원효성사의 뛰어난 지혜요 대승의 꽃
보리심의 꽃 한국불교의 독창성이다.
일심정토는 불교사에 유일한 사상이므로
'일심정토'를 영어로 'ILSIM JUNGTO'
이와 같이 고유명사로 표기하기로 한다.

2. 아미타의 세계

① 비밀한 『아미타경』

아미타경은 무량수경 관무량수경과 더불어
정토와 염불수행의 근본경전이다.
세 경전은 모두 아미타를 법으로 삼아
염불을 닦아 정토에 태어나도록 인도한다.
세 경의 내용은 대동소이하다. 그 중에
아미타경은 분량[한자 1,856자]이 가장 적지만
정토와 염불수행의 요체가 설해져 있다.

『아미타경소』에서 이와 같이 말씀하셨다.
> 아미타경은 부처님이 세상에 출현하신 큰 뜻이요
> 사부대중이 도에 들어가는 긴요한 문이다.

『아미타경』은 부처님이 세상에 출현하시어
'삼계가 모두 괴로움이로다.
내가 마땅히 그대들을 편안하게 하리라.' 하신
큰 뜻이 만족하게 성취되는 경전이다.
왜냐하면 이 경을 믿고 염불하는 사람은

근기를 불문하고 남녀노소 일체 중생이
아미타불의 극락세계에 태어나게 되어
생사의 윤회를 영원히 벗어나기 때문이다.

이 경은 출가자와 재가자의 근기를 묻지 않고
일체 중생이 도에 들어가는 긴요한 문이다.
염불의 방법과 깊이만큼의 이익을 얻지만
모두가 금생을 마지막으로 윤회를 끊게 되고
정토를 감득하여 대도에 들어가기 때문이다.

『아미타경소』에서 이와 같이 말씀하셨다.
 아미타는 실다운 공덕을 머금고 있음을 세운 것으로
 만겁에도 다함이 없는 이름이다.

실다운 공덕을 머금은 것은 무엇을 말하는가.
그것은 중생의 본성을 가리키는 것이다.
만겁에도 다함이 없는 이름이란 무엇인가.
그것은 불생불멸의 이름이니 진여 불성이요
여래장이며 일심의 근원을 말하는 것이다.
아미타는 이들과 이름만 다른 도의 본체이다.

『아미타경』은 이와 같이 부처님의
크고 넓고 깊은 뜻이 설해진 비밀한 경이다.
그러므로 세상 사람들이 믿기 어렵다고 한다.
이 경은 인천교와 소승교의 경전을 초월하고
법상교와 파상교의 경전을 뛰어넘었다.
28품 법화경 40품 화엄경의 한 품에 불과한
적은 분량이지만 그 모든 뜻을 함축하고 있다.

불교의 최고 경전이라고 전해지는
『화엄경』의 말씀에 귀를 기울여 보자.
이 경의 마지막 품인 [제40 입법계품]의
보현보살 십대원 '제10 보개회향원'에서
이와 같이 말씀하셨다.

> 선남자야 저 모든 중생들이 이 대원의 왕을
> 듣거나 믿고 받아 지녀 읽고 외우며
> 널리 사람들을 위하여 설명한다면
> 지니는 바의 공덕은 부처님을 제외하고
> 나머지는 알 사람이 없을 것이다.
>
> 그러므로 너희들은 이 대원의 왕을 듣고

의심하는 생각을 일으키지 말고
마땅히 진실하게 받으며 받고는 잘 읽고
읽고는 잘 외우며 외우고는 잘 지니고
내지 글로 써서 널리 사람들을 위하여 설명하여라.

이 모든 사람들은
일념 중에 가진 바의 행원이 다 성취되며
얻은 바의 복 덩어리는 무량하고 끝없으니
능히 번뇌의 큰 괴로움의 바다 가운데서
중생들을 끌어 건져 내 벗어나게 하니
모두 아미타불의 극락세계에 왕생하게 될 것이다.

또 보현보살의 십대원을 총결하고
[경]을 마치는 글에서 이와 같이 말씀하셨다.

삼세의 모든 부처님이 찬탄하시는 바
이와 같은 가장 수승한 모든 대원에
제가 이제 모든 선근을 회향하는 것은
보현의 수승한 행을 얻기 위함입니다.

제가 목숨이 다하려 할 때를 맞이하면

> 일체의 모든 장애를 모조리 없애버리고
> 저 부처님 아미타를 직접 뵙고서
> 극락국토에 곧장 왕생하기를 원합니다.

『화엄경』은 부처님이 위없는 깨달음을 얻고
해인삼매 중에 대원경지로 설하신 경전이다.
이 경의 끝에는 보현보살이 십대원을 세우고
실현할 것을 발원하였는데 열 가지 대원은
모든 보살이 세운 원 중에 가장 크기 때문에
대원의 왕이라고 부른다. 대원의 왕 중에도
'보개회향원普皆廻向願'이 수승한 원이니
자신의 공덕을 널리 모두 회향한다는 뜻이다.
회향의 뜻이 이처럼 위대한 것이다.

보현보살과 같이 회향하는 사람들은
복덕이 무량하고 끝이 없어 중생들을
아미타불의 극락세계로 인도하고
자신도 저 부처님 아미타를 직접 뵙고
극락국토에 곧장 왕생하기를 원한다.

『화엄경』의 말씀처럼 아마타불의 극락세계는
중생이 마침내 돌아가야 할 곳이다. 그러므로
『아미타경』은 『화엄경』의 귀결경이다.
『아미타경』에 의해 일체 중생이 해탈하고
부처님이 세상에 출현하신 큰 뜻이 성취된다.
『아미타경』은 대소승의 뜻을 담고
일체 중생을 제도하는 비밀한 경전이다.

② **아미타의 뜻**
우리들이 궁극에 돌아가야 할 세계는
일심정토라고 하든지 서방정토라고 하든지
아미타불의 극락세계이며 정토라고도 한다.
이 정토는 모든 경전이 지향하는 곳이고
일체 중생이 마침내 돌아가야 할 곳이다.
정토는 바로 아미타[Amita]의 세계다.
그러므로 아미타의 뜻을 잘 알아야 한다.
『아미타경』에서 이와 같이 말씀하셨다.

> 저 부처님을 무슨 이유로 아미타라 부르는가.
> 사리불아
> 저 부처님은 광명이 무량하여

> 시방의 국토를 비추어도
> 장애되는 바가 없기 때문에
> 아미타라 부르는 것이다.
> 또한 사리불아
> 저 부처님의 수명과 그 나라 백성의 수명이
> 무량무변 아승지겁이므로
> 아미타라 이름하는 것이다.
> 사리불아
> 아미타부처님은 성불하신 이래
> 지금까지 십겁이 되었다.

아미타는 범어이며 두 뜻을 지니고 있다.
하나는 '아미타 브하[Amita bha]'이며
무량광無量光이라고 번역하였다.
둘은 '아미타 유스[Amita yus]'이며
무량수無量壽라고 번역하였다.
아미타[阿彌陀 : Amita]는 무량광 무량수
또는 무량한 광명 무량한 수명의 뜻이다.
'광명'의 광은 스스로 밝음이요 명은 비춤이다.
'무량수'는 공성이며 무아[대아]의 생명이다.

예토와 정토에 존재하는 자연과 중생은
본래부터 본성인 아미타를 갖추고 있다.
예토의 범부는 무명의 번뇌로 인하여
지혜의 작용이 없고 유아[소아]의 생명이다.

정토는 정정취 이상의 보살들이 살기 때문에
모두가 무아의 지혜로 보살도를 실천한다.
그러므로 [경]에서
'저 부처님의 수명과 그 나라 백성의 수명이
무량무변 아승지겁'이라고 말씀하신 것이다.

부처님은 자연과 중생의 갖가지 모습을
모두 비추어 아는 대원경지를 성취하셨으니
[경]에서 '저 부처님은 광명이 무량하여
시방의 국토를 비추어도 장애되는 바가 없다.'
이렇게 말씀하시고 백성들은 제외하셨다.
왜 정토의 중생들은 제외하셨는가?
정토의 중생들은 정정취 이상의 보살로
탐진치에 물들지 않아서 안으로 청정하지만
광명의 작용은 부처님과 같지 않기 때문이다.

아미타불이 성불하시고 아미타의 세계가
전개되어 있음을 증명한 것은 십겁 전이다.
겁의 산정으로 십겁은 1억5천만 년이니
본래부터 아미타의 세계라는 것이며
본래 그러하니 영원히 그러할 것이다.

[경]에서는 아미타부처님의 광명과
중생들의 무량한 수명에 대해서만 밝히고
정토의 자연에 대해서는 뜻을 밝히지 않았다.
『아미타경소』에서 이와 같이 말씀하셨다.
> 이 경은 곧 바로 삼계를 뛰어넘는
> 두 가지 청정으로 근본을 삼고
> 모든 중생이 무상보리에서
> 물러나지 않는 것을 뜻으로 삼았다.
> 어떤 것을 두 가지 청정이라 이름하는가.
> 『왕생론』에서 해설하여 말하기를
> '첫째는 기세간[자연계] 청정이요
> 둘째는 중생세간 청정이다.' 하고
> 이에 널리 설한 것과 같기 때문이다.

[논]에서는 이와 같이 정토는 자연과
중생이 모두 청정한 국토임을 밝혔다.
[경]에서는 광명이라 하고
[논]에서는 청정이라 하였는데
이것은 청정이 곧 광명이기 때문이다.
안으로 번뇌가 없음을 청정이라 하고
밖으로 빛나는 작용을 광명이라 한다.
정토는 청정광명이 무량한 아미타의 세계다.

아미타는 불가사의한 공덕이 성취된 명호요
실다운 공덕을 머금고 있음을 세운 것으로
천겁에도 다함이 없는 이름이다.
아미타는 마음의 본성이요 도의 본체로서
생각하고 관찰하고 성취해야 할 법이다.

염불수행은 유심정토든지 서방정토든지
아미타를 법으로 삼는다. 다만 일심정토는
'일체경계 본래일심'이라는 도리를 전제로
아미타를 법으로 삼아 염불을 수행하여
아미타의 세계를 감득하고 수용하는 것이다.

아미타의 세계는 청정한 광명이 무량하고
수명이 무량하며 광대하여 끝없는 세계다.

③ 타력문의 정토
아미타불의 극락국토인 여래의 정토는
범부의 마음 바깥 서방에 있기도 하고
청정한 마음 안의 세계이기도 하며
현실의 눈앞에 나타나는 세계이기도 하다.
정토는 자연과 갖가지 사물이 아름답지만
유산으로 물려줄 수 있는 국토가 아니다.
마음의 반영으로 나타나는 국토인 까닭이다.
그러므로 의식의 차원이 동일한 보살은
그 정토의 경계를 공감할 수 있게 된다.

여래의 정토는 네 문의 차원으로 구별한다.
부처님만 수용하는 정토의 원만문
팔지보살 이상이 수용하는 정토의 일향문
초지보살 이상이 수용하는 정토의 순정문
정정취 이상이 수용하는 정토의 정정취문
이와 같이 여래의 정토에는 네 문이 있다.

『무량수경종요』에서 이와 같이 말씀하셨다.

　　위의 네 가지 문에서 설한 정토는
　　모두 여래가 원행으로 성취한 곳이며
　　저곳에 태어나는 자의 자력으로 갖추는 것이 아니다.

사람들은 대개 이와 같이 말한다.
'마음이 청정하면 국토가 청정하다'
그러나 아미타불의 정토는 이와는 다르다.
아미타불의 정토는 아미타부처님이
오랜 세월 동안 원행으로 성취한 국토다.
그러므로 여래의 정토는 중생이 닦은
지혜의 힘으로 갖추는 정토가 아니다.
중생은 부처님이 원행으로 성취하여
이미 갖추어진 정토에 태어나는 것이다.
만약 중생이 스스로 닦은 지혜의 힘으로
자신이 갖춘 정토에 태어나는 것이라면
사람마다 정토의 모습이 다르게 되니
여러 사람이 함께 공감할 수 없을 것이다.
또한 중생의 힘으로 성취하는 정토라면
번뇌가 가득하거나 지혜가 모자란 범부는

여래의 정토에 태어날 수 없을 것이다.
그러나 죄업이 많은 범부로부터 일체 중생이
염불의 공덕으로 정토에 태어나게 되니
이것은 여래가 본원과 실천으로 성취하여
이미 갖추어 놓은 정토에 태어나는 것이다.

이와 같이 염불의 공덕에 힘입어서
여래가 이미 갖추어 놓은 정토에 태어나서
깊은 수행으로 깨달음에 이르는 수행문을
자비광명에 의지하는 문 또는
타력[여래의 힘]의 문이라고 일컫는다.
아미타불의 정토는 타력문의 정토다.

중생이 스스로 깨달음에 이르는 수행문을
자각의 문, 자력[중생의 힘]의 문이라고 한다.
자력문에서 지혜의 모습은 어떠할까.
'있는 그대로 본다.' 이러한 대답을
아미타불의 정토에서는 용납하지 않는다.
타력문의 정토는 청정한 공덕의 모습을
구체적으로 형상화하여 설하기 때문이다.

저 꽃을 있는 그대로 보는 것과
'아미타!'라고 찬탄하는 것 중에
어느 편이 인간의 심성을 장엄하겠는가.

또 [종요]에서 이와 같이 말씀하셨다.
   여래의 정토는 예토의 바깥 기세계[자연계]가
   오직 중생의 공업으로 이루어진 것과는 같지 않다.
   그러므로 전체가 청정한 국토라고 이름한다.

이 말씀은 어떤 의미인가?
자신이 선악의 업을 짓고 그 과보를
자신이 받는 것을 자업自業이라고 한다.
공동으로 선악의 업을 짓고 그 과보를
공동으로 받는 것을 공업共業이라고 한다.
예토라 하여도 전체가 물든 것은 아니다.
공동으로 예토를 정화하여 장엄하면
그곳은 청정한 국토라고 말할 수 있다.
그러나 공업으로 예토를 정화하더라도
예토의 전체가 정토로 변화하기는 어렵다.

타력문의 정토인 아미타불의 정토는
중생의 공업으로 이루어진 정토와 달라서
국토의 한 곳도 빠짐없이 청정하기 때문에
'전체가 청정한 국토'라고 이름하는 것이다.

예토에서 지혜를 얻어 좁은 정토를 관하면
그것은 온전한 정토를 관하는 것이 아니다.
일체의 경계가 정토로 관해져야 바른 지혜다.
아미타불의 정토에 태어나면 일체의 경계가
청정한 공덕의 모습임을 자연히 관하게 된다.
이로써 타력문의 정토를 이해하게 될 것이다.

정리하여 말하면, 아미타의 세계인 정토는
서방정토 유심정토 일심정토를 막론하고
모두가 타력문에 속한다. 왜 그런가 하면
지혜의 모습을 형상으로 보여주신 정토, 그
자비광명에 의지해 깨달음을 얻기 때문이다.
불교는 이 땅의 현실에서 안락을 이루는
일심정토를 최상의 가치로 삼아 실천하며
염불수행에도 그러한 길이 있다는 것이다.

3. 염불수행

① **염불의 뜻**

'염불이란 무엇인가?' 이렇게 묻는다면
단정하여 말하기 어려울 정도로 그 뜻이 많다.
왜냐하면 염불수행은 대승불교의 초기부터
전승되어 온 까닭에 역사가 매우 깊고
경과 논에서 보인 방편의 법이 많기 때문이다.

『왕생론』은 정토교학의 최초의 논서이며
여러 갈래 염불수행 방법의 원류이다.
이 [논]에 의하면 넓은 의미의 염불은
부처님의 공덕과 보살의 삶과
정토의 청정한 공덕의 모습을 생각하고
관찰하는 것이 모두 염불이라는 것이다.
또 예배 찬탄 작원 관찰 회향의
오념문이 모두 염불에 속하는 것이다.

그러나 세월이 흐르고 중생들의 근기가
약해지면서 염불의 의미는 점점 좁아졌다.

지금은 염불을 말하면 불보살의 명호 또는
육자명호를 부르는 것으로 통용되고 있다.

이제 염불의 본래 의미를 살려서
염불수행의 뛰어남을 실천하고 전법하여
시대의 요구에 부흥하는 불교가 되기 위해
염불의 뜻을 생각 머리에 이렇게 새겨두자.
염불念佛은 염정토念淨土다.
아미타불이 곧 정토이기 때문이다.
염불은 정토를 생각하고 관찰하는 수행이다.

일심정토 염불수행은
성소작지를 믿고 염불을 인因으로 삼아
정토의 수승한 연緣을 만나서
현실의 정토에 화생化生하는 수행문이다.
범부가 현실에서 여래의 정토에 태어나
정정취에 들어가면 화생하는 것이다.

② **신행의 요체**
대승의 모든 수행은 대승의 신행체계 중에

제4 수행문에서 자신에게 가장 적합한
일정한 수행을 선택하여 정진해야 한다.
염불수행에도 여러 종류가 행해지고 있는데
여기서는 『왕생론』의 오념문을 실천한다.
성소작지를 우러러 믿고 안심을 얻어
아미타부처님의 정토에 태어나서
정정취에 오르기 위해 발심하고 수행한다.

이 장에서는 신행의 요체만을 밝혀둔다.
아미타부처님은 삼신의 깨달음을 이루고
일체 중생을 제도하시는 부처님이시다.
무수한 번뇌를 모두 다 끊고
일심의 근원으로 돌아가 법신을 이루셨다.
무량한 선법을 모두 다 닦아
광명을 성취하여 보신을 이루셨다.
일체 중생에게 자비를 베풀며
무변한 중생을 다 제도하는 화신을 이루셨다.

아미타부처님의 뜻은 모든 부처님의 뜻이니
이 한 부처님께 귀명하여 예배하는 것은

모든 부처님께 귀명하여 예배하는 것과 같다.
발심은 [종요]에서 설한 수사발심이며
수행은 예배 찬탄 작원 관찰 회향이다.

먼저 아미타부처님께 귀명례로 예배하고
다음은 보리심을 일으켜 발심게를 읊고
뒤에는 오념문의 게송인 신행게를 읊는다.

귀명례
나무 일심증득 아미타불타
　　일심을 증득하신 아미타부처님께 귀명합니다.
나무 광명성취 아미타불타
　　광명을 성취하신 아미타부처님께 귀명합니다.
나무 화신시현 아미타불타
　　화신을 보이시는 아미타부처님께 귀명합니다.

발심게
번뇌무수 원실단 [煩惱無數 願悉斷]
　　번뇌가 무수하지만 모두 끊기를 원합니다.
선법무량 원실수 [善法無量 願悉修]

선법이 무량하지만 모두 닦기를 원합니다.
중생무변 원실도 [衆生無邊 願悉度]
　　중생이 무변하지만 모두 제도하기를 원합니다.

신행게

일심의 법과 부처님의 지혜에 귀명합니다.
자연과 생명의 청정한 광명을 찬탄합니다.
십념으로 정토에 화생하고자 작원합니다.
일체를 아미타불의 화신으로 관찰합니다.
모든 인연의 은혜에 감사하고 보은합니다.

4. 지금 왜 염불인가?

21세기 초기의 지금 세계적인 경향의 특징은
인간이 근본이 되는 인본주의 시대가 아니라
재화를 근본으로 삼는 자본주의 시대다.
오늘날은 사유재산이 무한정 보장되기 때문에
재화와 재능을 갖추면 무엇이든지 할 수 있는
개인의 자유가 최대한 보장된 시대다. 반면에

재화는 한정되고 인간의 탐욕은 끝이 없어서
사람이 사는 곳이면 어느 곳이든지 막론하고
죄업이 일어날 가능태로 있어 불안한 시대다.

현대사회는 다양한 산업이 널리 발달해 있고
분야마다 계급의 층층으로 조직화되어 있다.
사회는 재화와 인간이 연기한 복잡한 구조다.
인간은 사회를 떠나서 홀로 존재할 수 없으며
필요한 재화를 구하기 위해 노동을 해야 하고
업력이 다른 수많은 사람들을 상대해야 한다.
이 사회는 괴로움과 번뇌가 가득한 곳이니
무념무상의 도는 오히려 설상가상 격이다.

현대는 국가 기업 개인 모두가 생존경쟁으로
이기주의와 성과제일주의가 팽배하여
공공의 이익보다 개인의 이익을 우선한다.
노동의 대가를 오래 기다리려고 하지 않는다.
즉석문화 빨리문화가 사회에 널리 퍼져 있다.
탐욕의 마음이 급하니 질서를 어기게 되고
인과를 저버리는 죄업을 짓고 후회하게 된다.

현대사회는 산업의 발달 직업의 전문화로
삶의 현장은 밤낮없이 바쁜 생활을 보낸다.
대부분의 노동자들이 한가한 시간을 갖거나
고요함을 즐긴다는 것은 사치스러운 일이다.

오늘날은 진실한 사람이 그리운 시대다.
진실한 사람은 생존경쟁의 조직사회에서
도태되는 것으로 받아들일 정도인 사회다.
자신의 목적을 향하여 앞만 보고 달리니
인생을 돌아보고 사유하는 시간이 없어
자신과 인연된 이웃의 은혜를 지나친다.
마음의 여유가 없으니 자연과 생명들의
장엄한 모습을 느끼고 찬탄할 줄 모른다.

종교계도 자본주의에 물들어 세속화되었다.
철학적 사유와 지혜의 함양보다 형식과
현실의 이익에 우선하니 내세관이 희박하다.
재화가 인격을 대신하고 돈이 도를 이긴다.
생사의 해탈보다 재화의 축적이 우선이니
지금은 이미 탈종교화시대에 들어선 것이다.

이와 같은 시대에 왜 염불이 필요한가?
[경]에서 '염불은 오탁의 시대에 사람들이
믿기 어려울 정도로 희유한 법'이라 하셨으니
그럴만한 이유가 충분히 있기 때문일 것이다.
이에 염불을 수행하는 사람과 염불의 법과
화쟁과 회통의 종교 이 셋으로 해설하겠다.

① 염불행자는 분다리화다

『관무량수경』에서 이와 같이 말씀하셨다.

> 염불행자는 사람 중에 분다리화이니
> 관세음보살과 대세지보살이 그를 수승한 벗으로 삼는다.
> [念佛行者 人中芬陀利華 觀音勢至 爲其勝友]

염불행자는 염불을 수행하는 사람이며
부처님을 생각하며 수행하는 사람이다.
염불행자는 꽃 중의 꽃 분다리화와 같아서
사람 중에 가장 존귀한 불자이기 때문에
자비와 지혜의 상징인 관세음보살과
대세지보살이 그를 벗으로 삼아 동행한다.

염불행자를 왜 연꽃에 비유하여
분다리화와 같이 가장 존귀하다고 했을까.
분다리화와 염불행자는 어떤 존재인가.
먼저 연꽃과 분다리화를 알아보겠다.

대개 식물은 자라서 꽃이 피고 열매를 맺지만
그 중에 성품을 드러내는 꽃이 가장 아름답다.
세상에는 크고 작은 무수한 식물들이 자라며
꽃을 피워 장엄하고 갖가지 양식을 제공한다.
이 꽃이 피고 지면 저 꽃이 또 나타나고
저 꽃도 한 세월 동안 세상을 장엄하다가
환경에 적응하지 못하면 그곳에서 소멸한다.

수많은 꽃 중의 연꽃은 연못의 진흙에
뿌리를 내리고 자라나 물 위에 잎을 띄우고
꽃을 피우지만 진흙 먼지에 물들지 않는다.
이것은 단지 물들지 않음을 비유한 것이지
진흙이 더럽다는 뜻이 아님은 알 것이다.

연은 꽃과 열매가 동시에 생겨난다고 한다.

다른 꽃도 그러한 경우가 있겠지만 이것은
'꽃을 피우는 것이 곧 열매를 맺는 것'이며
'꽃과 열매는 둘이 아님'을 나타낸 것이다.
이로써 실천하는 데에 무상보리의 싹이 트고
실천과 보리는 둘이 아님을 말하려는 것이다.

연의 씨앗은 천 년을 지나서도 싹이 트이고
꽃의 잎이 많아 밝고 아름답기로 유명하다.
그리고 그 꽃 중의 꽃을 '분다리화'라고 한다.
분다리화는 순박 정직을 상징하는 백련이다.
분다리화는 무량광 무량수 아미타의 꽃이다.

다음은 염불을 수행하는 사람을 알아보겠다.
사람들은 저마다 타고난 재능을 발휘하여
자신의 꿈을 실현하기 위하여 노력하므로
그것은 한 송이 아름다운 꽃과 같은 것이다.
일체 중생은 꽃을 피운다. 사람의 꽃 중에도
불교를 실천하는 사람은 연꽃처럼 아름답다.

불교인 중에도 염불을 수행하는 사람은

아미타의 꽃 분다리화와 같이 존귀하다.
염불은 아미타를 법으로 삼아 발심하고
정토의 광명을 장엄하며 불법이 소멸해도
100년을 더 이어가는 장수의 수행법이다.
염불은 법과 현실이 모두 무량광 무량수다.

염불행자는 순박하고 정직할 뿐만 아니라
부처님의 지혜를 우러러 믿고 발심하여
불교의 생명을 이어갈 사명을 지니고 있다.
그러므로 염불행자를 분다리화에 비유하여
가장 존귀하고 아름다운 사람이라는 것이다.

염불행자는 '나무아미타불' 이 불명호를
찬탄하며 아미타를 법으로 삼아 수행한다.
염불행자가 믿고 행하는 가르침은 불교다.
보살의 명호를 부르고 실천하면 보살교다.
조사의 화두를 간看하면 그것은 조사교다.
염불행자는 불교의 생명을 잇는 주인이다.
'염불행자는 분다리화다.'라는 저 말씀에
긍지를 갖고 정진해 그 꽃을 피워야 한다.

② 염불은 위없고 묘한 법

염불수행은 정토삼경을 근본으로 삼고
대승기신론 십주비바사론 왕생론
무량수경종요 아미타경소 등에 의거한다.
대승의 수행문 중에 역사가 가장 오래되고
신원행信願行의 체계가 일관되게 유지되어 온
대승불교의 대중적인 전통의 수행법이다.
염불수행은 다른 수행문에서 볼 수 없는
특징을 지니고 있는데 이것이 현대인들에게
가장 적합한 위없고 묘한 법이라는 것이다.

염불수행의 특징

첫째 염불은 보편적인 구제원리다.
염불수행은 일체 중생이 금생을 마지막으로
생사윤회를 벗어나는 보편적인 구제원리다.
마음이 진실하지만 어리석음으로 인해
죄악이 무겁거나 무아를 깨닫지 못한 범부도
깊은 믿음으로 '나무아미타불' 명호만 불러도
목숨을 마치는 날에 염불의 공덕에 힘입어
곧 정토에 화생하여 다시는 윤회하지 않는다.

또 예리한 근기에게는 선오후수의 문을 따라
이 땅에서 묘관찰지를 얻는 법을 펴 보였다.
이와 같이 범부는 금생에 윤회를 끊어버리고
예리한 근기는 지혜를 얻어 정정취에 들어가니
염불수행은 일체 중생을 구제하는 묘한 법이다.

둘째 염불은 유상유념의 도다.
염불수행은 유상유념有相有念의 도다.
유상이란 생각하고 관찰할 법인 아미타이며
정토의 청정한 공덕의 모습을 말한다.
정정취문의 정토는 묘관찰지의 모습이다.
유념이란 대상을 생각하고 관찰하는 것으로
주관과 객관을 긍정하고 닦는다는 뜻이다.
상을 세워도 지혜를 얻는 데 장애되지 않으니
그 상은 성취해야 할 지혜의 모습인 때문이다.
염불은 번뇌가 가득한 현대의 사람들이
무상무념의 도를 감당하기 어렵기 때문에
유상유념의 도를 보여 누구든지 가장 쉽게
묘관찰지를 깨달아 정정취에 들어가게 한다.

셋째 염불은 인과동시의 법이다.
염불은 실천하면 곧 이익을 얻기 때문에
인과동시因果同時의 법이라고 말한다.
성소작지를 진실로 믿고 육자명호를 부르면
윤회를 끊을 수 있기 때문에 안심을 얻는다.
일상관으로 십념을 행하면 짧은 시간에
염불삼매를 성취하여 관행觀行을 일으킨다.
화신관을 행하면 비유비무의 이치를 깨달아
묘관찰지의 경계를 깊이 이해하게 된다.
유상유념의 방편에 의해 행하는 즉시
지혜와 복덕을 얻는 법은 염불밖에 없다.
단지 과보를 기다리지 말고 꾸준히 정진하면
자연히 지혜를 얻고 복덕이 증장할 것이다.

넷째 염불은 생산적인 도다.
염불은 일상의 삶을 떠나지 않고 실천하여
지혜와 복덕이 증장하는 생산적인 도다.
염불은 출가자와 재가자를 묻지 않는다.
직업과 관계없이 누구든지 언제 어디서나
실천하여 이익을 얻을 수 있는 수행법이다.

염불은 부처님의 지혜를 온몸으로 믿고
수행법의 기본만 숙지하면 고요한 장소나
한가한 시간이 반드시 필요한 것은 아니다.
믿음을 결정하고 발심해 물러나지 않으면
재화와 시간과 정성을 헛되이 버리지 않고
마음이 밝으면 일하고 어두우면 염불하여
이익을 얻는 생산적인 도가 염불수행이다.

다섯째 염불은 감사와 보은의 도다.
염불을 왜 감사와 보은의 도라고 말하는가.
연기의 세계관에 의해 묘관찰지를 깨달아
회향하면 범부를 뛰어넘어 정정취에 오른다.
연기의 세계관은 정신적 물리적 일체의 법이
갖가지 인연의 은혜로 생겨나는 것을 말한다.
묘관찰지의 이치는 비유비무非有非無다.

염불수행의 깨달음과 실천
염불수행의 깨달음과 실천은 어떤 것인가.
일체가 아미타불의 화신임을 깨달아
모든 인연의 은혜에 감사하고 보은한다.

화신관은 묘관찰지를 얻는 수승한 방편이며
감사와 보은의 행은 회향의 수승한 방편이다.
염불수행의 깨달음과 그 실천은
묘관찰지를 깨달아 회향하는 것과 같으며
연기의 세계관을 실천하는 것과 다름없다.
염불의 깨달음과 실천이 이와 같으나
깨달음과 실천은 둘이 아니기 때문에
감사와 보은의 도라고 말하는 것이다.

수승한 방편으로 진실의 과보를 얻게 하는
위없고 묘한 법은 오직 염불수행밖에 없다.
염불은 수행하는 데 장애가 많은 이 시대에
모든 사람들에게 가장 적합한 수행법이다.
염불은 부처님이 세상에 출현하신 큰 뜻이요
지름길로 도에 들어가는 위없고 묘한 법이다.

③ 화쟁과 회통의 종교
불교는 2600년이라는 장구한 세월 동안
전통과 생명력을 유지해 온 뛰어난 종교다.
인류가 몽매한 시대에 부처님이 출현하여

위없는 깨달음을 얻으신 것은 불가사의하다.
또 우매한 중생들에게 안심을 부여하며
생사윤회를 끊어버리고 지혜를 성취하도록
교화하신 것은 놀라운 일이 아닐 수 없다.
그 교화의 비밀은 방편의 교법이었다.

부처님이 교화하시던 시대나 오늘날이나
사람들의 근기 욕망 업력이 천차만별이다.
이러한 이유로 수준이 다른 방편의 교법이
다양하게 설해지고 이로써 많은 사람들을
널리 섭수해 불교의 생명을 이어온 것이다.

부처님이 중생의 근기에 따라서 여러 수준
여러 갈래로 교법을 보이신 뜻이 무엇인가.
그것은 중생들의 근기를 성숙시켜 점차로
깊은 법으로 인도하고 끝내는 일심의 바다
일심의 근원으로 돌아가게 하는 것이었다.

맨 처음 대승불교 초기 마명보살(기원 전후?)이
『대승기신론』에서 부처님의 뜻을 받들어

대소승의 다양한 교법의 지류들을 모아서
모두 일심의 바다로 흘러가도록 회통하였다.
그 후 600여 년 후에 원효성사가 출현하여
소승교 대승교 정토교 등 수준이 다른 교법과
여러 불보살의 출현으로 갈래가 다른 교법의
지도자들이 서로의 다름과 우열을 주장하는
다툼을 화해하고 모두가 일심의 근원으로
통하게 하였으니 이것이 화쟁 회통의 논리다.

정토교는 5세기경 세친보살이 『왕생론』에서
경전마다 다른 염불수행의 여러 갈래를 모아
대소승의 모든 교문이 정토로 통할 수 있도록
[오념문]을 지어 최초로 세상에 전파하였다.
그 후 원효성사가 『무량수경종요』에서
'예토와 정토는 본래 일심'이라고 전제하고
대소승의 다양한 교법의 논쟁을 화해하며
모두가 일심의 바다 일심의 근원으로
돌아가는 것이 부처님의 뜻이라고 설하였다.
이러한 논리를 [종요]에서는 자세히 밝히고
『아미타경소』에서는 간단하게 해설하였다.

이와 같이 불교사에 화쟁과 회통의 역사는
이미 오래 되었는데 아직도 자신이 선택한
교법에 집착하여 우열의 논쟁을 일삼으니
이것이 곧 말법시대 투쟁견고의 현상이다.
지금은 바야흐로 소통 통합 융합의 시대다.
만약 시대의 조류에 부응하지 못한다면
탈종교화 현상은 나날이 늘어날 것이다.

지금 가장 시급한 일이 무엇인가.
첫째 불교에서 믿음의 대상을 통일하고
그 신심을 결정하도록 노력해야 한다.
둘째 대승의 신행체계를 정립하고 모두가
그에 따라서 수행하도록 노력해야 한다.
셋째 자각의 문과 자비광명의 문을 인식하고
두 문의 신행체계를 정립해야 한다.

원효성사의 화쟁 회통 사상에 의거한
일심정토로 향하는 오념문의 염불수행은
일심의 법과 부처님의 지혜를 우러러 믿는다.
또 대승의 신행체계 안에서 자비광명의 문인

오념문의 신행체계를 따라서 수행한다.
오념문의 신행체계는 대승의 수행문 중에
요체가 되는 것을 모두 포함하고 있으며
유심정토와 타방정토를 일심에 포용하여
다 함께 일심의 바다로 향하는 수행문이다.

일심정토 염불수행은
모든 수행문을 통합하고 융합하되
소통의 문이 열려 있는 수행법이다.
일심정토 염불수행은
모든 수행문의 우열의 다툼을 화해하고
일심의 바다 일심의 근원으로 돌아가는
희망의 철학이요 화쟁과 회통의 종교다.

제4장 염불수행의 오념문

제1절 오념문의 실천
제2절 깨달음과 수행의 공덕

제1절 오념문의 실천

일심정토 염불수행은 불교의 가치 실현으로 일심의 법과 성소작지를 믿고 발심하여 아미타를 법으로 삼아 오념문을 수행한다. 세친(5세기)의 『왕생론』에서 설한 오념문의 오념五念이란 다섯 가지를 생각하고 관찰함이며 문門이란 들어가고 나오는 출입의 뜻이다. 문은 출입의 뜻이기 때문에 실천을 포함한다.

앞의 넷은 예토에서 정토로 들어가는 문이고 뒤의 하나는 정토에서 예토로 나오는 문이다. 오념문은 염불행자뿐만 아니라 모든 불자가 깊이 이해하고 실천해야 할 긴요한 교법이다.

불교에서 말하는 깨달음의 지혜와 수행법은 깊은 사유와 오랜 경험이 축적된 결과물이다.

이러한 이유로 천 년의 역사가 증명하는
논서와 수행법에 의거하라고 권하는 것이다.
오념문은 불교가 시작된 이후 1000년 동안
조사들이 쌓아 온 경험을 바탕으로 정립되고
다시 1500년 동안 검증되어 온 수행법이다.

오념문은 일반인도 종교적 신념을 제외하고
일상생활에서 실천하면 지혜와 복덕을 얻는다.
다섯 가지 문을 응용하여 가정과 기업과 사회
모든 분야에 적용하면 반드시 뜻을 성취하고
지혜로운 삶으로 가치 있는 인생이 될 것이다.
이러한 점이 오념문의 포용력과 뛰어남이며
불교가 일반인에게 널리 공감대를 형성하여
오랜 세월 생명력을 이어온 이유 중에 하나다.

이 장에서는 오념문의 대중화를 위하여
불자들의 실천과 일반의 이익을 들어서
교법을 이해하는 데 도움이 되도록 하였다.
앞에는 『왕생론』의 오념문의 뜻을 싣고
뒤에는 오념문의 실천을 자세히 해설하였다.

1. 예배문

① **예배문의 뜻**

어떤 것이 예배인가. 신업으로 예배하는 것이다.
아미타여래 응공 정변지이신 분께
저 국토에 태어나려는 뜻을 나타내기 때문이다.

들어가는 제1문은 아미타부처님께 예배하는 것이며
저 국토에 태어나기 위함이다.
그러므로 안락세계에 태어나니
이를 들어가는 제1 근문近門이라고 이름한다.

예배문禮拜門에는 네 가지 뜻이 있다.
첫째 성소작지를 우러러 믿는다.
둘째 정토에 태어나기를 발원한다.
셋째 몸으로 예배한다.
넷째 몸의 업을 청정하게 한다.

모든 불자는 어떤 수행문을 선택하더라도
자신이 무엇을 믿는지 무엇을 발원하는지

어떻게 실천하는지를 분명하게 알아야 한다.
수행에서 믿음 발원 실천 중에 한 가지라도
교법에 어긋나면 바른 과보를 얻을 수 없다.
오념문은 이 점을 첫 문에서 분명히 밝혔으니
모든 불자들이 본받아야 할 모범이다.

② 우러러 믿음

'성소작지를 우러러 믿는다.'는 것은
자신의 뜻대로 선택하는 믿음이 아니라
부처님이 깨달아 내려주신 위없는 지혜를
진실한 마음으로 받아 지닌다는 뜻이다.
저 우러러 믿음이란 바로 부처님이 주신
일심의 법과 부처님의 네 가지 지혜이지만
염불수행은 성소작지를 우러러 믿는 것이다.

성소작지는 일념으로 명호를 부른 공덕
명호를 생각한 공덕 보신[아미타]을 관찰한 공덕
이 세 공덕으로 정토에 왕생한다는 것이다.
이 지혜를 믿어 안심을 얻고 발심한다.

③ 왕생을 발원함

'정토에 태어나기를 발원한다.'는 것은
모든 수행문이 지향해야 할 곳이기 때문이다.
혹자는 아미타불의 정토는 방편이라고
함부로 말하지만 깊이 알지 못하는 것이다.
저 정토는 방편토도 있지만 여기의 정토는
수행의 과보로 실제 감득하는 실보토實報土다.
범부는 방편토에 화생하고 정정취 이상은
실보토에 화생하여 보리심을 꽃 피운다.
그러므로 정토는 일체 중생이 돌아갈 곳이니
마땅히 정토에 왕생하기를 발원해야 한다.

④ 몸으로 예배함

'몸으로 예배한다.'는 것은
몸을 굽혀 절을 하며 예를 드리는 것이다.
부처님이 계신 곳에 들어가면서 예배함은
지극히 당연한 일로 불자들은 명심해야 한다.
예배의 좁은 뜻은 아미타부처님께
귀명하여 몸을 굽혀 절을 하는 것을 말한다.
아미타불은 응공應供 정변지正遍知이시니

모든 부처님의 공덕을 포함하고 계신다.
그러므로 예배하며 '나무아미타불'을 부른다.
예배하며 명호만 불러도 정토에 왕생한다.

예배의 넓은 뜻은 부처님의 공덕과 교법과
정토의 대중인 승가에게 귀명하는 것이다.
귀명은 목숨을 바쳐 돌아가기를 발원함이며
귀명은 일심의 근원으로 돌아가는 것이니
삼보가 일심의 근원에서 나오기 때문이다.

예배하는 사람은 귀명하지 않을 수 있지만
귀명하는 사람은 반드시 예배하는 법이다.
진실하지 않은 사람이나
삿되게 총명한 사람과 아만이 가득한 사람
얄팍한 도인은 형식적으로 예배만 하고
진실로 귀명하여 예배하지 않을 수 있다.

⑤ 몸의 업을 청정하게 함

'몸의 업을 청정하게 한다.'는 것은
오체투지五體投地로 정례頂禮하는 행위 자체에

육근이 청정해지는 이익이 있다는 것이다.
전통의 예법에는 합장 거수고읍擧手高揖
차수叉手 장궤長跪 등이 있는데 그 중에
오체투지의 예배가 최상의 존경을 나타내고
육근을 청정하게 하는 작용을 일으킨다.

염불행자라면 '나무아미타불' 육자명호를
네 번 부르면서 한 번 절하기를 반복하면
잡념이 일어나지 않고 집중력이 심화되어
몸과 마음이 청정해지는 이익을 얻게 된다.

⑥ 예배문은 근문이다

귀명하는 마음으로 절을 하는 진실한 예배는
믿음의 씨앗을 심고 뿌리를 내릴 뿐만 아니라
몸의 업을 청정하게 닦는 뛰어난 수행법이다.

정토에 들어가는 첫 문에 예배문을 두어
믿음을 성취하고 몸의 업이 청정해지도록
권장한 수행문은 오직 오념문의 염불뿐이다.
그러므로 예배문을 근문近門 이라고 이름하니

안락한 정토원淨土園에 가까운 문이라는 뜻이다.
이제 믿음을 성취하여 안심하고 발심하여
능력껏 실천하면 무량한 이익을 얻을 것이다.

⑦ 일반의 이익

남의 집을 방문할 때는 미리 연락을 하고
문에 들어가서도 기본예절을 지켜야 한다.
예배문의 '몸으로 예배한다.'는 것은
부처님[能仁]의 지혜[智]를 우러러 믿고[仰信]
예배[禮]하되 마땅히[義] 몸을 굽혀 행한다.
예배문 하나의 수행에 세간의 복된 덕목인
인의예지신 오상五常이 모두 포함되어 있다.

인생의 올바른 철학과 학문을 가르치거나
훌륭한 기술이나 예술을 가르치고 전승하는
스승을 받들고 어른을 섬기며 예배하는 것은
신뢰를 깊게 하고 옳음을 실천하는 일이다.
그러나 종교적 신념을 이유로 행하지 않으면
그 신념은 미풍양속의 문화를 깨뜨리니
미덕이 아니며 대인관계도 좋지 않게 된다.

예배란 상황에 따라서 합장 또는 차수하거나
무릎을 꿇는 등 겸손한 자세를 취하면 되지
반드시 오체투지로 정례하는 것은 아니다.
예배는 종교의 예법을 떠나 누구나 행하여도
복이 되고 허물이 전혀 없는 수행법이다.

예배문의 '몸의 업을 청정하게 한다.'는 것은
오체투지로 정례하는 이익을 말한 것이다.
오체투지로 절을 하면 건강에 좋다는 것은
모든 사람들에게 상식처럼 잘 알려져 있다.

예배문은 누구나 알아야 할 예절의 모범으로
사회생활에서 대인관계를 원만하게 행하고
남을 존경한 과보로 자신이 존경받는 법이다.

2. 찬탄문

① 찬탄문의 뜻

어떤 것이 찬탄인가. 구업으로 찬탄하는 것이다.

저 여래의 명호를 부르는 것은
저 여래의 광명지상光明智相과 같이
저 명호의 뜻[名義]과 같이
여실히 수행하여 상응하기를 원하기 때문이다.

들어가는 제2문은 아미타불을 찬탄하는 것이며,
명호의 뜻에 수순하여 여래의 명호를 부르고,
여래의 광명인 지혜의 모습에 의해 수행하는 것이다.
그러므로 많이 모인 대중 안에 들어가니,
이를 들어가는 제2 대회중문大會衆門이라고 이름한다.

찬탄문讚歎門에는 네 가지 뜻이 있다.
첫째 명호의 뜻을 알아야 한다.
둘째 명호를 부르고 찬탄한다.
셋째 아미타와 상응하기를 원한다.
넷째 말의 업을 청정하게 한다.

찬탄문은 성소작지를 우러러 믿어 안심하고
발심하여 맨 처음 염불을 실천하는 문이다.
이 염불은 명호를 부르고 찬탄하는 것인데

먼저 명호의 뜻을 분명히 알고 난 뒤에
명호를 부르고 찬탄하는 것이 마땅하다.
그것이 분다리화인 염불행자의 떳떳함이다.

② 명호의 뜻을 알아야 함
'명호의 뜻을 알아야 한다.'는 것은
여래의 명호에 둘이 있으니 하나는 '아미타'
또 하나는 '나무아미타불'이라는 육자명호다.
아미타는 본명이고 육자명호는 별명이다.

아미타는 무량광 무량수
아미타는 무량광 무량수의 두 뜻이 있다.
무량광이라 해도 무량수의 뜻을 포함하고
무량수라 해도 무량광의 뜻을 안고 있다.

'아미타'는 『아미타경소』에서 해석하기를
'실다운 공덕을 머금고 있음을 세운 것으로
만겁에도 다함이 없는 이름이다.'라고 하였다.
아미타는 여래의 광명인 지혜의 모습이며
생각하고 관찰하고 성취해야 할 법이다. 또

부처님의 불가사의한 공덕이 성취된 명호다.

나무아미타불 육자명호의 뜻
'나무아미타불'은 여러 뜻으로 해석한다.
첫째 범어인 나무[Namo]와 아미타불로 나누어서
'아미타부처님께 귀명歸命합니다.' 또는
'정토에 돌아가기를 원합니다.'라는 뜻이다.
아미타불이 곧 정토의 묘덕이기 때문이다.
둘째 나무와 아미타[법]와 불로 나누어서
불법승 삼보를 찬탄하는 말로 해석할 수 있다.
나무는 귀명이며 귀명하는 주체는 승가다.

셋째 '나무아미타불' 명호의 비밀한 뜻은
부처님의 불가사의한 공덕이 성취된 명호다.
왜냐하면 '나무아미타불'을 부르기만 하여도
무거운 죄업이 소멸되고 정토에 태어나서
영원히 생사윤회를 끊어버리기 때문이다.
염불행자는 '나무아미타불 육자명호는
부처님의 불가사의한 공덕이 성취된 명호다.'
이렇게 명호의 뜻을 알면 분명히 아는 것이다.

부처님의 불가사의한 공덕

저 부처님은 석가세존이면서 아미타불이다.
석가세존은 성소작지에서
'일념으로 명호를 부르면 여러 겁의
무거운 죄업을 영원히 소멸한다.' 하시고
또 『관무량수경』에서
'아미타불은 광명이 시방세계를 널리 비추어
염불하는 중생은 버리지 않고 섭수하신다.'
이와 같이 말씀하셨기 때문이다.
석가세존은 예토에서 염불을 권장하시고
아미타불은 정토에서 중생을 섭수하신다.
이것이 두 부처님의 불가사의한 공덕이다.

③ **명호를 부르고 찬탄함**

'명호를 부르고 찬탄한다.'는 것은
명호를 부르기만 하는 칭명염불이 있고
명호의 뜻을 찬탄하는 찬탄염불이 있다.

칭명염불은 어떻게 하는 것인가?

육자명호를 부르기만 하는 칭명염불은

'나무아미타불 육자명호는 부처님의
불가사의한 공덕이 성취된 명호다.'
이 뜻만 알고 그 공덕을 우러러 믿고
일념 십념으로 명호를 부르면 만족하다.

칭명염불은 입으로 부르는 방편을 써서
내면의 어둠을 소멸하는 데 유익하다.
이런 이유로 고성염불을 권장하는 것이다.
모든 종교에 독경 찬불가 등을 권장함은
선지자들의 지혜에서 나온 좋은 방편이다.

찬탄염불은 어떻게 하는 것인가?
[논]에서 이와 같이 말씀하셨다.
> '저 여래의 명호를 부르는 것은
> 저 여래의 광명지상과 같이 저 명호의 뜻과 같이
> 여실히 수행하여 상응하기를 원하기 때문이다.'

찬탄염불은 두 가지를 찬탄하는 것이다.
하나는 명호의 뜻이 가리키는 광명지상이요
둘은 아미타와 육자명호의 뜻을 찬탄함이다.

첫째는 육자명호의 뜻을 찬탄한다.
육자명호의 깊은 뜻을 음미하고 찬탄하며
'나무아미타불'을 일념 십념으로 읊는다.
깊은 믿음은 이해를 돕고 이해가 깊어지면
믿음을 결정하고 저절로 찬탄하게 될 것이다.

수많은 여래의 명호 중에 '나무아미타불'은
여래의 불가사의한 공덕이 성취된 명호로서
궁극에 돌아가야 할 곳을 분명하게 나타내고
생각하고 관찰하고 성취해야 할 법을 보이며
삼보의 뜻을 바로 보인 위없고 묘한 명호다.
명호의 뜻을 알고부터 깨달음에 이르기까지
일념 십념으로 칭찬하고 감탄해야 할 명호다.

둘째는 아미타의 뜻을 찬탄한다.
아미타는 무량광 무량수 저 여래의 명호로서
실다운 공덕을 머금고 만겁에도 다함이 없어
생각하고 관찰하여 귀명할 법이다.
아미타는 인천교의 선악의 업 소승교의 색심
법상교의 아뢰야식 파상교의 공 대승의 일심

이 모든 법의 왕이며, 진여 불성 여래장을
결정한 궁극의 법이요 일심의 근원이다.
이와 같이 일념 십념으로 칭찬하고 감탄한다.

셋째는 광명지상을 찬탄한다.
광명지상은 여래의 광명인 지혜의 모습이며
명호의 뜻이 가리키는 아미타의 모습이다.
아미타는 자연과 중생의 청정한 공덕상이다.
명호의 뜻과 광명지상을 찬탄하는 것은
아미타부처님을 우러러 찬탄하는 것이다.
아미타불을 찬탄하는 것은 정토의 찬탄이요
자연과 중생의 공덕상을 찬탄하는 것이다.
그러므로 모든 찬탄의 귀결은 자연과 중생의
청정한 공덕의 모습을 찬탄하는 데 있다.

찬탄염불은 칭명염불의 이익과 더불어서
깊은 이해로 믿음을 더욱 견고하게 한다.
명호의 뜻을 알고 찬탄하고 게송을 읊고
신심을 일으켜 장엄염불을 일념 십념으로
찬탄하면 수행의 이익을 체험할 것이다.

일념과 십념은 어떤 뜻인가?

'염念'의 한 글자에 두 가지 뜻이 있다.
첫 번째는 '(마음으로) 생각하다'이고
두 번째는 '(소리를 내어) 외우다'이다.
찬탄문은 '외우다'라는 뜻이다. 그러므로
일념은 한번 숨 쉬는 동안 명호를 부름이고
십념은 일념이 끊임없이 이어짐을 일컫는다.

『종요』의 현료의와 성소작지의 다른 점

현료의는 하배의 염불이기 때문에 일념과
십념이 '명호를 부른다'는 뜻으로 사용되었다.
성소작지는 찬탄문과 작원문을 구별하여
찬탄문은 '일념으로 명호를 부르면'이라 하고
작원문은 '명호를 생각한 공덕'이라고 하였다.

그렇다면 왜 '명호를 입으로 부르는 염불'을
'일성一聲 또는 십성十聲'이라고 하지 않는가.
명호를 부르는 것과 명호를 생각하는 것은
모두 하나의 염불念佛에 포함되기 때문이다.
그러나 『관경』에는 명호를 부르는 십념을

'영성부절令聲不絶 소리가 끊어지지 않게 하라'
하고, '염에 부름의 뜻이 있음'을 밝혀두었다.
이로써 찬탄문은 명호를 부르고 찬탄하는
염불이라는 것을 충분히 알 수 있을 것이다.

④ 아미타와 상응하기를 원함

 '아미타와 상응하기를 원한다.'는 것은
[논]에서 '여실히 수행하여 상응하기를
원하기 때문이다.'라고 하신 것을 가리킨다.
'여실히 수행함'이란 일념 십념의 찬탄이다.
'상응하기를 원함'에서 상응相應이란
정토에 왕생하여 아미타를 감득하는 것이다.
아미타는 본각本覺이고 상응은 시각始覺이다.
염불수행에서 깨달음은 정토에 왕생하여
아미타불의 보신을 보고 상응하는 것이다.

상응이란 찬탄하는 마음의 본성인 광명과
저 아미타 사이에 낀 무명을 깨뜨리고
무량한 광명에 도달하는 것을 말한다.
이는 마음과 경계가 모두 광명인 상태다.

명호의 뜻과 광명지상을 찬탄하는 것은
아미타와 상응하기를 발원하기 때문이다.
찬탄은 깨달음을 원하는 마음의 표현이다.

⑤ 말의 업을 청정하게 함

'말의 업을 청정하게 한다.'는 것은
찬탄문을 실천하여 얻는 이익을 말한다.
명호의 깊은 뜻을 알고 일념 십념으로
찬탄하면 자연히 말의 업이 청정해진다.
구업이 청정하면 십악十惡 중에 네 가지
구업이 소멸되니 찬탄의 위력을 알만하다.
육자명호와 아미타의 뜻을 알아 찬탄하고
자연과 중생들의 청정한 공덕의 모습을
일념 십념으로 칭찬하고 감탄해야 한다.

자비광명에 의지하는 문

찬탄문은 아미타불을 찬탄하는 것이며
그것은 여래의 광명지상을 찬탄하는 것이다.
염불은 여래의 광명인 지혜의 모습에 의해
수행하여 지혜를 얻고 깨달음을 성취한다.

따라서 염불수행은 '유상유념'의 도이며
'자비광명에 의지하는 문'이라는 것이다.

불교는 자각의 문이라고 한 면만 말하지만
불교사 이래 자비광명에 의지하는 문으로
들어간 이가 99%라고 해도 과언이 아니다.
그러므로 광대한 아미타불의 정토에는
무수한 대중이 발심의 꽃을 피우고 있다.

⑥ 찬탄문은 대회중문이다

예배문을 지나서 찬탄문에 이르게 되면
자비광명의 문 유상유념의 도 염불만으로
윤회를 벗어난다는 법문을 듣고 곳곳에서
많은 대중이 모이고 또 찬탄문으로 들어가
정토에 태어난 사람도 셀 수 없이 많으니
찬탄문을 일러 대회중문大會衆門이라고 한다.
찬탄문은 정토원의 염불법회 모습과 같다.

욕망을 끊을 수 없으며 번뇌가 많은 시대
현대인들은 예배문에서 거친 번뇌를 쉬고

찬탄문에서 마음의 어둠을 소멸해야 한다.
염불은 예배문 찬탄문을 중심으로 행해져야
대회중문의 뜻을 실현할 수 있을 것이다.

⑦ **일반의 이익**
현대사회는 불교의 역사관으로 말하면
말싸움이 끊이지 않는 투쟁견고의 시대요
다양한 스트레스와 번뇌가 가득한 시대다.
따라서 찬탄문이 전하는 교훈은 뜻이 깊다.
자연과 생명을 찬탄하는 노래를 큰 소리로
부르는 것은 마음을 정화하는 데 유익하다.

또 자연과 생명의 공덕상을 찬탄하는 것은
심성을 부드럽게 하는 데 매우 효과적이다.
자연과 일체 생명의 신비함과 아름다움에
무관심하지 말고 때때로 찬탄해야 한다.
이것은 남이 아니라 자신을 위한 것이다.

다음은 남을 칭찬하는 습관을 길러야 한다.
대개 범부들은 스스로 진리를 깨달아서

힘을 얻는 것이 아니라 칭찬을 들으면서
용기를 잃지 않고 희망을 갖는 경우가 많다.
남을 칭찬하는 것은 자신을 존경하는 것이다.
찬탄문은 현대인들의 지혜로운 생활에
적용하여 이익을 얻는 뛰어난 수행법이다.

3. 작원문

① 작원문의 뜻

어떤 것이 작원인가. 마음에 항상 원을 짓는 것이다.
일심 전념으로 끝내 안락국토에 왕생하려는 것은
사마타를 여실히 수행하기를 원하기 때문이다.

들어가는 제3문은 일심 전념으로
저 국토에 태어나려고 원을 짓는 것이며
사마타의 적정삼매행을 닦는 것이다.
그러므로 연화장세계에 들어가니
이를 들어가는 제3 택문宅門이라고 이름한다.

작원문作願門에는 세 가지 뜻이 있다.
첫째 마음에 항상 원을 짓는다.
둘째 사마타의 삼매행을 닦는다.
셋째 마음의 업을 청정하게 한다.

예배문은 몸으로 행하는 염불이고
찬탄문은 입으로 행하는 염불이며
작원문은 마음으로 삼매행을 닦는 염불이다.
이와 같이 오념문은 동적인 염불로부터 점차
정적인 염불로 들어가며 닦도록 인도한다.
동적인 염불을 행하여 거친 번뇌를 소멸해야
정적인 지관의 수행이 잘 성취되기 때문이다.

② 항상 원을 지음
'마음에 항상 원을 짓는다.'는 데는
두 부류의 사람이 있다. 그 중에 한 부류는
다음 생에는 반드시 자연과 중생이 청정한
안락국토[정토]에 왕생하려고 항상 원을 짓는다.
일심 전념으로 끝내 정토에 왕생하려는 것은
사마타를 여실히 수행하기를 원하기 때문이다.

작원문에서 항상 원을 짓는 사람은 앞에 행한
예배문과 찬탄문과 합하여 신원행을 이루어
다음 생에는 반드시 정토에 왕생하게 된다.
이 사람은 사마타를 여실히 닦기를 원하지만
지은 업의 장애가 많고 환경과 도반과 스승
이 세 가지 조건을 갖추기가 어렵기 때문에
마음에 항상 원을 지으며 정토를 그리워한다.

염불은 지극한 그리움으로 망상을 쉬게 한다.
망상을 쉬면 문득 적정삼매의 뜻을 알게 된다.
그러므로 항상 정토왕생의 원을 지어야 한다.
또 진실한 마음으로 항상 원을 짓는 사람은
반드시 좋은 인연을 만나 원을 성취할 수 있다.

'마음에 항상 원을 짓는다.'는 다른 한 부류는
지금 일심 전념으로 끝내 정토에 왕생하려고
사마타를 여실히 수행하기를 원하는 것이다.
여기의 일심은 오로지 한 생각의 일념이고
전념은 일념이 끊임없이 이어지는 십념이다.
그러므로 작원문을 '십념염불'이라고 한다.

십념염불인 작원문이 뛰어나기는 하지만
불교사를 보나 지금을 보더라도 행하는 자는
보기 드물고 대부분 찬탄문에 머물러 있다.
여러 가지 이유가 있겠지만 무엇보다도
범부를 뛰어넘는 탁월한 수행법인 까닭이다.
작원문은 전통의 여러 갈래 염불수행에서는
실천하지 않는 수행법이므로 이해하는 데
어려움이 있는 것은 사실이다. 그러하지만
용어의 개념들을 바르고 자세히 이해하고
실천하면 뛰어난 법임을 깨닫게 될 것이다.

③ 삼매행을 닦음
'사마타의 삼매행을 닦는다.'는 것은
오념문의 작원문과 관찰문에서 실천하는
지관의 염불수행을 처음 시작하는 것이다.
지관은 대소승 모든 교문에서 수행의 요체다.
오념문은 작원과 관찰이라는 이름으로
자비의 광명인 지혜의 모습에 의지하여
유상유념의 도로써 지관을 수행하게 한다.

작원문과 관찰문은 대소승의 지관수행이
모두 포함되어 있으며 행하기가 가장 쉽다.
지혜의 모습으로 경계를 분명히 보이고
생각하고 관찰하게 하는 도이기 때문이다.

오늘날에 모든 수행문에서 지관의 수행을
불교의 세계관에 입각하여 실천하는 이는
출가자와 재가자를 막론하고 매우 드물다.
그것은 지금의 불교 위상과 실천과 지혜로
증명하는 것이기 때문에 이의가 없을 것이다.

불교의 지관수행은 다른 종교의 수행 또는
시대상의 변화에 따라 유행처럼 번지는
갖가지 수행법과는 근본적으로 다르다.
요즘의 명상 마음치유법 등과도 다르니
그것들은 불교의 정체성이 결여되어 있다.
불교의 지관수행은 무엇이 다르고 특별한지
먼저 그 개념을 자세히 이해하도록 하겠다.

사마타, 지행, 삼매행, 위빠사나, 관행

사마타[samatha] 위빠사나[Vipasyana]
삼매[Samadhi]는 산스크리트어[梵語]이다.
사마타는 '지止'라고 번역하며
모든 분별하는 경계의 모습[경계상]을
그치게[止] 하는 것이다.
위빠사나는 '관觀'이라고 번역하며
인연으로 생멸하는 모습[인연생멸상]을
지혜로써 분별[觀]하는 것이다.
삼매三昧는 풀어서 번역하면
'심일경성心一境性'이라고 하니,
'마음이 한 경계에 머문 상태[性]'를 말한다.

일상관 불명호 화두 진언 등 어떤 방편에 의해
사마타[止]를 이루어서 모든 경계상이 그치면
고요한[寂靜] 삼매의 상태를 체험하게 된다.
이때 고요한 삼매를 즐기며 한정 없이
안주하는 것이 아니라 지행止行을 일으킨다.
지행은 삼매행三昧行과 같으며 인연생멸상을
지혜로써 분별하는 관을 일으키는 것이다.

이로써 작원문은 관찰문의 실천을 위해서
삼매행을 닦는 수행임을 알 수 있을 것이다.

그러나 스스로 깊이 이해한다고 하더라도
물러나지 않는 믿음을 성취하고 정진하여
깨달음을 성취하고 뜻을 이루기 위해서는
반드시 뛰어난 기연機緣을 만나야 한다.

위대한 스승 뛰어난 방편을 만나야 한다.
천년의 역사가 증명하는 조사를 만나야 하고
지금의 범부는 유념유상의 도를 만나야 한다.
선종의 홍인선사(602~675)는 일상관을 지도하고
정토의 선도대사(613~681)는 일상관을 해설하고
무애인 원효성사(617~686)는 염불관을 지도하고
미타굴 나옹선사(1320~1376)는 일몰관을 전했다.

저 위대한 조사들은 지관의 염불을 지도하고
번뇌가 많은 범부들을 위해 유상유념의 도인
일상관을 방편으로 삼아 삼매를 얻게 하였다.
불교의 생명 그 지혜를 계승해 온 조사들이

무엇 때문에 무상무념無相無念의 도를 버리고
유상유념의 도를 선택하여 지도하였겠는가.

세상은 탐욕 성냄 무명의 그림자가 짙고
욕망의 물결로 산문이 물들여지고 있어서
마음과 경계 모두가 혼탁해짐을 바라보고
무상무념의 도로써는 어렵다고 판단하여
유상유념의 도를 방편으로 삼은 것이다.

여기 조사들이 소통하고 공감하며 계승해 온
일상관으로 단박에 삼매를 얻는 법을 전하니
시대를 초월한 조사들의 지혜를 진실로 믿고
자세하게 보고 실천하여 검증해 보기 바란다.

④ 일상관을 닦는 법
일상관으로 삼매행을 어떻게 닦는가?
일상관은 아미타를 관찰할 법으로 삼아
저녁 무렵 지는 해를 오로지 생각한다.
일상관은 유상유념의 도인 방편관이며
가장 쉽게 염불삼매를 얻는 수행법이다.

왜 지는 해를 삼매의 대상으로 삼는가?

염불수행은 마음을 모아 집중하기 쉽도록
방향을 가리키고 광명인 지혜의 모습 또는
지혜의 모습과 닮은 표상을 세워 인도하니
이러한 교법을 지방입상指方立相이라고 한다.
아래에 보인 일상관의 관법은 모든 수행에
적용할 수 있는 요체이니 자세히 살펴보고
그대로 따라 반복하여 행해 보기를 바란다.

일상관의 자세

처음에 마음을 머물게 하려는 때에는 가부좌로 정좌한다.
오른 다리를 왼 허벅다리 위에 놓고 밖으로 나란히 한다.
왼손을 오른 손바닥 위에 놓고 몸을 바르고 곧게 세운다.
눈은 반개하고 입과 치아를 합하되 꽉 다물지 않는다.
혀는 윗잇몸에 기대어 숨 쉬는 길이 잘 통하도록 한다.
눈길은 가까이나 멀리하면서 편안한 곳에 머물게 한다.

아미타 호흡법

정좌하고 호흡을 천천히 길게 들이쉬어
단전에 가득 차도록 하고 천천히 내쉰다.

마음속으로 천천히 '아미타'를 반복하여 염한다.
'아미'에 호흡을 천천히 길게 들이쉬어
단전에 가득 차도록 하고 '타'에 천천히 내쉰다.

눈길이 편안하게 닿는 곳에 하나의 태양을
상상한 모습의 표상을 지어 그것을 지킨다.
마음을 표상에 머물게 하여 아미타를 생각하며
'아미타 호흡'을 일념 십념으로 집중한다.
일체의 분별하는 경계가 일어나지 않고
마음이 고요할 때까지 호흡을 반복하여 행한다.

위대한 조사의 지혜

선종의 오조홍인은 참선수행 납자들을
지도하면서 무상무념의 도를 감당하기
어려운 자들에게 일상관을 권장하였다.
그의 『수심요론』에서 '처음 마음을 내어
좌선을 배우는 자가 있다면 『관경』에 의해
행하라.' 하시고 이와 같이 말씀하셨다.

　　단정하게 앉아 정념으로 눈을 감고 입은 다물고
　　마음으로 앞쪽을 평행으로 바라본다.

뜻에 따라 가까이하거나 멀리하면서
하나의 태양을 상상한 모습을 지어 그것을 지킨다.

생각 생각이 일어나도 머물지 않으면
호흡을 잘 조절할 수 있다.
호흡하는 소리는 거칠게 내거나
미세하게 하지 말아야 하니
그러한즉 사람으로 하여금 병이 생기게 한다.

밤에 좌선을 행하는 때에
혹은 일체 선악의 경계를 보기도 하고
혹은 청 황 적 백색 등의 여러 삼매에 들어가기도 하고
혹은 자신의 몸에서 큰 광명이 나오는 것을 보기도 하고
혹은 여래의 몸을 보기도 하고
혹은 갖가지 변화의 모습을 보기도 한다.
그때는 마음을 모아 집착하지 말고 모두가 공성이며
망상으로 보게 되는 것인 줄로 알아야 한다.

경에서 '시방의 국토는 모두 허공과 같다'라고 하셨으며
또 말씀하시기를 '삼계는 텅 빈 허깨비와 같으니

오직 일심이 짓는 것이다.'라고 하셨다.

삼매를 얻지 않아도 일체 경계를 보지 않는다면
다시 크게 깨달은 모양을 구하지 말아야 한다.
단지 움직이거나 머물거나 앉거나 누워있는 중에도
항상 분명하게 참마음을 지키면
망념이 일어나지 않고 나의 것이라는 마음이 소멸하니
일체 만법은 자신의 마음을 벗어나지 않음을 알 것이다.

선도대사는 정토교의 뛰어난 조사이다.
그는 정토경전마다 관상염불이 다르고
특히 『관경』에는 16관법이 설해졌으니
이런 점을 의혹하는 사람들을 위하여
『관경소』에서 이와 같이 말씀하셨다.

일상관 외에 모든 관법은 삿됨과 바름
얻음과 잃음이 한결 같이 이와 같은 것이다.
해를 관하여 해를 보면
마음과 경계가 서로 응하니 정관이라고 이름한다.
해를 관하여 해를 보지 못하고
다른 혼란스런 경계들만 보면

> 마음과 경계가 서로 응하지 않는 것이므로
> 삿된 관이라고 이름한다.

원효성사는 다양한 정토사상과 여러 갈래의
염불수행을 모아 모두 일심으로 돌아가도록
화쟁하고 회통하여 일심정토를 정립하셨다.
대소승의 수행문에서 정념에 대한 해석이
분분하지만 성사는 대승의 일심사상에 의해
『기신론소』에서 이와 같이 말씀하셨다.

> 정념正念이란 오직 마음뿐이어서
> 바깥 경계가 없음을 아는 것이며
> 이 마음도 자체의 모습이 없어서
> 한 생각도 얻을 수 없음을 아는 것이다.

나옹선사는 참선과 염불의 이치를 꿰뚫어
출가자와 재가자를 더불어 지도하셨다.
염불수행의 깨달음을 통쾌하게 읊으셨고
그의 [승원가]에서 이와 같이 노래하셨다.

> 연화장 바다 건너 극락세계 들어가면
> 칠보와 황금 땅에 칠보그물 둘렀으니

> 십육관경 말씀 중에 일몰관이 제일이라.
> 서산에 지는 해를
> 눈 뜨거나 눈 감거나 눈앞에 걸어 두고
> 아미타불 대성명호 밤낮 없이 많이 외라.

염불삼매와 관찰

아미타를 법으로 삼아 일상관에 집중하여
생각하고 오로지 생각하여 무념에 이르러
망상과 분별하는 경계의 모습들이 그치고
온통 광명뿐인 상태가 염불삼매의 모습이다.

염불삼매는 아미타의 삼매 광명의 삼매이니
'자신이 무량한 광명 가운데 존재하고 있다는
생각이 끊어지지 않는 심적 상태'를 말한다.

여기서 삼매를 즐기며 안주하는 것이 아니라
삼매행[지행]을 일으켜 관해야 하니 지혜로써
분별하기 때문에 관이라고 이름하는 것이다.
저 지혜는 부처님의 지혜를 이해하는 것이다.

염불삼매의 절정은 지혜와 정념正念으로써
일념 십념으로 아미타를 관찰하는 것이며
여기서 비로소 왕생의 깨달음을 성취한다.
지혜와 정념을 모르고 삼매에 안주하면서
깨달음을 기다리면 이는 어리석은 사람이다.

⑤ 마음의 업을 청정하게 함

'마음의 업을 청정하게 한다.'는 것은
작원문을 수행하여 얻는 이익을 말한다.
작원문은 자연과 중생이 청정한 정토를
일념 십념으로 생각하며 왕생하려고 원하는
수행이기 때문에 자연히 마음이 청정해진다.
일상관에 집중하여 삼매행을 닦는 수행법은
산만한 경계들을 빨리 그치고 의식을 맑히는
최상의 방편으로 조사들이 증명한 관법이다.

자신이 무량한 광명 안에 존재하고 있다는
마음의 상태를 유지하는 깊은 염불삼매는
심층의식을 맑히고 육근을 청정하게 하는
묘약이라고 여러 조사들이 널리 권장하였다.

⑥ 작원문은 택문이다

작원문은 예배문 찬탄문의 공덕이 상속되어
몸과 말의 업이 청정해지면 더욱 정밀하게
마음의 업을 맑히고 고요히 하는 수행문이다.
그러므로 반드시 예배문과 찬탄문을 닦아야
그 공덕으로 작원문의 효과가 극대화된다.

처음 수행하는 사람이 염불삼매를 탐내어
예배문과 찬탄문을 소홀히 하고 바로 앉아서
일상관에 집중하면 오히려 삼매는 멀어진다.
뛰어난 조사가 보인 문을 차례로 들어가야
공덕이 상속되어 바른 과보를 얻을 것이다.

작원문은 고요한 삼매행을 깊이 닦아서
자연과 생명이 청정하고 아름답게 꾸며진
정토에 들어가는 입구의 문이기 때문에
연화장세계에 들어가는 택문宅門이라고 한다.
택문은 정토원에서 일상관을 닦는 것과 같다.
작원문은 삼매를 닦는 깊은 염불수행이다.

⑦ 일반의 이익

자연과 사람들이 청정한 이상적인 세계관을
항상 원하는 이는 원만한 인격을 형성한다.
몸과 마음이 바쁘고 번뇌가 많은 사람들이
하루에 잠시라도 눈을 감고 일상관을 행하면
피로를 풀고 마음을 안정하는 데에 매우 좋다.

일상관으로 광명삼매에 들어가는 수행법을
자주 행하여 익히면 꿈이나 생시에 보게 되는
천마 귀신 영가 허깨비 등이 나타나지 않는다.
저 허상은 모두가 어두운 마음의 산물이니
광명을 생각하면 자연히 소멸되기 때문이다.

일상관은 마음을 모아 집중력을 심화하고
관찰력을 예리하게 하는 뛰어난 수행법이다.
일상관은 오늘날 치매를 비롯한 여러 가지
정신적 질환에 적용할 수 있는 묘한 법이다.
이러한 점은 앞으로 깊이 연구할 필요가 있다.

4. 관찰문

① 관찰문의 뜻

어떤 것이 관찰인가. 지혜로써 관찰하는 것이다.
정념正念으로써 저들을 관찰하는 것은
위빠사나를 여실히 수행하기를 원하기 때문이다.
저 관찰에는 세 종류가 있다. 어떤 것들이 셋인가.
첫째 저 불국토의 장엄한 공덕상을 관찰하는 것이다.
둘째 아미타불의 장엄한 공덕상을 관찰하는 것이다.
셋째 모든 보살의 장엄한 공덕상을 관찰하는 것이다.

들어가는 제4문은 전념專念으로
저 묘한 장엄을 관찰하는 것이며
위빠사나를 닦는 것이다.
그러므로 저 곳에 이르러
갖가지 법의 맛과 즐거움을 수용하니
이를 들어가는 제4 옥문屋門이라고 이름한다.

관찰문觀察門에는 네 가지 뜻이 있다.
첫째 정토의 경계를 관찰한다.

둘째 정념과 지혜로써 관찰한다.
셋째 왕생의 깨달음을 성취한다.
넷째 지혜의 업을 청정하게 한다.

관찰문은 작원문에서 일상관을 수행하여
고요한 염불삼매 중에 지행을 일으키고
관하여 정토의 경계를 관찰하는 문이다.
관찰이란 위빠사나를 닦는 관행을 말한다.
삼매에서 관찰하지 않으면 경계가 산란하여
지혜의 모습을 바로 관찰할 수 없기 때문에
반드시 깊은 염불삼매 중에 관찰해야 한다.

② **정토의 경계를 관찰함**
'정토의 경계를 관찰한다.'라고 하였는데
[논]에서 설한 정토의 경계는 국토장엄 17가지
불장엄 8가지 보살장엄 4가지다.
또 정토경전에서 정토의 경계를 보인 것은
각각 조금씩 다르지만 전체적인 이름은 같다.
전체적인 이름도 여러 가지가 있으니
하나는 청정한 국토 또는 정토이고

둘은 아미타불이 장엄한 공덕상이고
셋은 여래의 광명인 지혜의 모습이고
넷은 자연과 중생의 청정한 공덕상이다.
다섯은 보신의 경계인데 이는 '성소작지'에서
   '여섯 자를 넘지 않는 몸이지만
   정수리를 볼 수 없고
   털구멍의 양만큼도 늘이지 않고
   시방세계에 두루 한다.'라고 하신 경계이다.

정토의 경계는 여래의 자비광명

정토의 경계는 묘관찰지의 모습이며
제일의제第一義諦의 묘한 경계상이다.
그러므로 '묘관찰지'에서
   '말을 떠나고 생각이 끊어져
   말을 따르는 자가 말하거나
   헤아릴 수 있는 것이 아니다.'라고 하셨다.

이러한 경계를 여래가 자비의 광명으로
비추어 보여주시니 중생은 그 모습에 의지해
깨달음을 성취하는 것이다. 이러한 뜻에서

염불의 깨달음은 자력을 긍정하지만
전체적으로는 여래의 자비광명에 의지하여
깨달음을 성취하므로 타력이라고 말한다.

③ 정념과 지혜로써 관찰함

[논]에서 '정념으로써 저들을 관찰한다.'
라고 하였다. 정념正念이란 무슨 뜻인가.
정념이란 오직 마음뿐이어서
바깥 경계가 없음을 아는 것이며
이 마음도 자체의 모습이 없어서
한 생각도 얻을 수 없음을 아는 것이다.
일체의 경계가 본래 일심이기 때문이다.

[논]에서 '지혜로써 관찰한다.'라고 한 것은
무슨 뜻인가? 위에서 설명한 정토의 경계를
한 마디로 말하면 그 하나는 '아미타'이다.
그러므로 '아미타'를 찬탄하고 생각하고
관찰하며 성취해야 할 법으로 삼은 것이다.
정토의 경계를 한 마디로 말한 또 하나는
'일체가 아미타불의 화신'이라는 것이다.

화신관은 묘관찰지의 비유비무를 만족하고
연기의 세계관을 실천하는 묘한 관법이다.
이와 같이 '아미타'를 법으로 삼아 관찰하고
'일체가 아미타불의 화신'이라고 관찰함이
정토의 경계를 지혜로써 관찰한다는 뜻이다.

일심 광명 화신으로 관찰함
관찰은 위에서 자세하게 설명한 것처럼
정념과 지혜 곧 일심 아미타[광명] 화신으로
오로지 생각하며 관찰하는 것이다. 그러나
염불수행은 아미타를 법으로 삼기 때문에
'아미타'를 전념하면서 일체의 경계를
일심이요 광명이요 화신이라고 관찰한다.

때와 장소를 가리지 않고 전념으로 관찰하고
일손을 놓고 정진하는 때는 더욱 더 깊이
아미타를 전념하며 일체의 경계를 상대하고
각각 경계마다 일심 광명 화신으로 관찰한다.
이와 같이 전념하고 관찰하는 정진이 깊으면
어느 때 문득 깨달음의 기연을 만날 것이다.

④ **왕생의 깨달음**

'왕생의 깨달음을 성취한다.'는 것은
[논]에서 '저 곳에 이르러 갖가지 법의 맛과
즐거움을 수용한다.'라고 말씀하신 것이다.
'저 곳'은 무량광 무량수의 아미타불 정토다.
'갖가지 법의 맛'은 온갖 자연과 일체 생명이
청정한 공덕상으로 이익을 베푸는 것이다.
만물이 서로에게 이익이 되도록 활동하니
이들은 모두가 향기요 꽃이요 광명이다.
정토는 무아의 생명들이 발심의 꽃을 피우는
무량한 광명 무량한 수명의 국토를 말한다.

'즐거움'은 청정한 공덕상을 감득感得하고
법의 맛을 수용受用하니 마음이 편안하고
경계가 즐거운 안락安樂을 일컫는 것이다.
왕생의 깨달음은 이와 같은 안락을 얻는다.

왕생의 깨달음을 누가 증명하는가?
정토에 왕생한 사람은 반드시 이와 같다.
첫째 일체를 아미타와 그 화신으로 관찰한다.

둘째 일체 법의 무상과 무생법인을 깨닫는다.
셋째 아미타를 감득하고 법의 맛을 수용한다.

아미타는 여래의 광명인 지혜의 모습이다.
아미타는 진리의 세계임을 우러러 믿고
법으로 삼아 전념하고 관찰하여 일체를
아미타와 아미타불의 화신으로 관찰한다.
비록 번뇌가 남아 있지만 광명에 섭수되니
일체 법의 무상無相과 무생법인無生法忍을
깨달아, 자아에 집착하는 아집我執과
경계에 집착하는 법집法執을 소멸한다.
지혜의 모습을 감득하니 경계가 즐겁고
법의 맛을 수용하니 사사四事가 구족하여
안과 밖이 편안하고 즐거운 안락을 얻는다.
이 왕생의 깨달음을 누가 증명하겠는가.

⑤ **지혜의 업을 청정하게 함**
자연의 생명들이 꽃피우고 열매 맺는 것은
청정한 공덕의 모습이라고 관찰하고
사람들마다 선업을 실천하는 일은 모두가

청정한 공덕의 모습이라고 관찰하는 것은
지혜의 업을 청정하게 하는 수행이다.

정념으로써 일체의 경계를 관찰하는 것은
일체경계 본래일심의 지혜를 각인시키고
일체의 경계를 아미타로 관찰하는 것은
지혜의 모습을 마음 머리에 잊지 않게 한다.

화신관은 세상을 긍정적인 자세로 바라보고
자연의 아름다움과 신비함을 찬탄하며
생명의 존엄성을 드높이는 지혜를 얻게 한다.
왕생의 깨달음은 마침내 발심을 실천하는
지혜를 일으켜 보리심의 꽃을 피울 것이다.
이와 같이 관찰문은 모두가 지혜의 업을
청정하게 닦고 깨달음을 성취하는 문이다.

⑥ 관찰문은 옥문이다

관찰문은 일상관으로 염불삼매를 성취하고
정토의 경계를 깊이 관찰하는 절정에 이르러
아미타와 상응한 왕생의 깨달음을 성취한다.

왕생의 깨달음을 성취한 경지는 비로소
마음이 편안하고 경계가 즐거워 안락하니
정토원의 아미타전에 들어선 것과 같다.
그러므로 관찰문을 옥문屋門이라고 한다.
옥문은 아미타전의 창문이라는 뜻이다.
아미타전에는 여섯 개의 창문이 있어서
동서남북 상하의 경계를 감득하니 즐겁고
등불 향 청수 꽃 과일 공양미가 갖추어져
법의 맛을 수용하니 마음이 편안하다.

아미타전 여섯 창문에서 감득하는 경계는
아름답고 즐겁고 향기롭고 감미로우며
부드럽고 무아인 아미타요 여래의 화신이다.
이와 같은 법의 맛을 수용하는 것은 안락이다.
옥문은 왕생의 깨달음을 상징하는 문이다.

⑦ **일반의 이익**
관찰문은 몸이 바쁘고 마음에 번뇌가 많은
현대인들에게 많은 이익과 교훈을 시사한다.
그 중에 몇 가지만 예를 들어보기로 한다.

첫째 자신이 마주하는 경계를 바로 보려면
이미 지닌 관념을 멈추고 관찰해야 한다.
둘째 일상관에 집중해 경계와 잡념을 그치고
사물을 관찰하는 수행을 꾸준히 실천하면
사리의 바른 판단력과 통찰력이 증장한다.
셋째 자연을 아름답게 관하는 마음을 가지면
심성이 부드러워지고 긍정의 힘이 길러진다.

넷째 자연과 모든 생명은 범부가 볼 수 없는
청정한 성품과 장엄한 모습을 갖추고 있으니
관찰력이 깊으면 심미주의의 극치를 느낀다.
다섯째 자연과 모든 생명은 각자의 공덕으로
타자에게 이익 되는 일을 행하고 있음을 안다.
여섯째 일체의 경계는 고정된 모습이 없어서
자신의 마음이 반영된 모습임을 깨닫게 된다.

일상관과 관찰문은 기나긴 역사가 증명하는
선지식들의 지혜로 보인 뛰어난 수행법이다.
그러므로 종교의 교법을 떠나 모든 사람들이
배워서 삶에 적용하면 큰 이익을 얻을 것이다.

5. 회향문

① 회향문의 뜻

어떤 것이 회향인가.
일체의 고뇌하는 중생들을 저버리지 않는 것이다.
마음에 항상 원을 지어 회향을 으뜸으로 삼아
대비심을 성취하려는 때문이다.

나가는 제5문은 대자비로 일체의 고뇌하는
중생을 관찰하여 응화신을 보이는 것이니
생사의 동산 번뇌의 수풀 속으로
돌아 들어가는 것이다.
신통을 자재하게 부리며 교화의 땅에 이르러
본원의 힘으로 회향하기 때문에 이를 나가는
제5 원림유희지문園林遊戲地門이라고 이름한다.

회향문廻向門에는 세 가지 뜻이 있다.
첫째 항상 초발심을 잊지 않는다.
둘째 회향을 으뜸으로 삼아 실천한다.
셋째 방편지의 업을 청정하게 한다.

회향문은 왕생의 깨달음을 성취한 보살이
고뇌하는 중생들을 구제하고 교화하기 위해
자신의 공덕을 돌려주는 수행문이다.
이 문에 두 부류의 보살이 있으니
첫째 왕생의 깨달음을 성취한 정정취이고
둘째 일심의 근원으로 돌아간 초지보살이다.
먼저 정정취의 회향에 대하여 해설하고
뒤에 초지보살의 회향을 해설할 것이다.

② **항상 초발심을 잊지 않음**
염불행자는 두 가지 마음을 지니고 수행한다.
첫째 대승에 입문하여 일으킨 초발심이며
둘째 염불수행에서 일으킨 왕생의 원이다.
관찰문에서 이미 왕생의 원이 이루어졌으니
회향문에서는 항상 초발심을 잊지 않는다.
그러므로 [논]에서 '마음에 항상
원을 짓는다.'라고 하신 것이다.

회향문에서의 원은 초발심 중에
'중생이 무변하지만 모두

제도하기를 원합니다.'라고 발원한 것이다.
그러므로 [논]에서 '일체의 고뇌하는
중생들을 저버리지 않는 것이다.'라고 하셨다.

③ **회향을 으뜸으로 삼아 실천함**
정정취보살은 보살계위에서 세 부류가 있다.
첫째 무생법인을 깨달아 발심하여
자신에게 이익이 되는 십해十解의 지위다.
둘째 육바라밀을 실천하여
자신과 남에게 이익이 되는 십행의 지위다.
셋째 남을 위해 회향하는 십회향의 지위다.

회향의 지위에서 수행의 공덕을 쌓으면
일심의 근원으로 돌아가 대비심을 성취한다.
그러므로 [논]에서 '회향을 으뜸으로 삼아
대비심을 성취하려는 때문이다.'라고 하셨다.
회향은 세 방면으로 공덕을 돌려 수행한다.
보리회향은 무수한 번뇌를 모두 끊고
깨달음을 이루기 위해 공덕을 돌려 수행한다.
실제회향은 무량한 선법을 모두 닦아

정토를 이루기 위해 공덕을 돌려 수행한다.
중생회향은 무변한 중생을 모두 제도하는
대비심을 이루기 위해 공덕을 돌려 수행한다.

회향문은 중생회향을 으뜸으로 삼아서
중생의 원함에 따라 세 가지 보시를 행한다.
재시는 재화를 베풀어 중생을 이익되게 한다.
법시는 교법을 베풀어 중생을 이익되게 한다.
무외시는 두려움을 없애고 안심을 얻게 하니
염불의 묘법을 베풀어 중생을 이익되게 한다.

중생회향의 세 가지 보시는 현대인의 고뇌인
빈부의 격차를 공동의 안락을 위해 해소하고
철학의 빈곤을 불교의 세계관으로 충족하고
불확실한 미래로 불안이 끝없는 사람들에게
염불의 법을 전하여 안심과 희망을 부여한다.
부처님의 지혜는 시대상에 따라서 적용되는
방편의 지혜가 갖추어졌음을 명심해야 한다.

④ 방편지의 업을 청정하게 함

정정취의 회향은 일심의 근원으로 돌아가
큰 깨달음으로 동체대비를 실현할 수 있도록
'방편의 지혜로 보이신 업'이라는 뜻으로
방편지의 업[方便智業]이라고 이름한 것이다.

'방편지의 업을 청정하게 함'이란
보시의 세 방면이 청정해야 한다는 뜻이다.
재시하는 사람과 재물과 받는 이가 청정하고
법시하는 사람과 교법과 받는 이가 청정하고
무외시하는 사람과 염불의 법과 받는 이가
청정해야 실다운 공덕이 쌓아지기 때문이다.

이와 같이 보시의 세 방면이 청정하면
이를 삼륜청정三輪淸淨이라고 이름한다.
삼륜청정은 정정취보살이라야 가능하고
범부의 삶과 의식으로는 실천하기 어렵다.
이러한 이유로 부처님은 최후의 방편지로
'감사와 보은의 도'를 설하여 널리 권하셨다.

⑤ 감사와 보은의 도

염불행자가 회향하는 방편은 '모든 인연의
은혜에 감사하고 보은하는 것'이며, 이는
연기의 세계관을 실천하는 것과 다름없다.
감사와 보은의 도는 '방편지의 업'이면서
깨달음의 실천과 동일한 공덕을 성취한다.

왕생의 깨달음을 성취한 정정취보살은
일체가 아미타불의 화신이라는 깨달음으로
모든 인연의 은혜에 감사하고 보은한다.
예토의 범부는 저 깨달음에 대한 믿음으로
그와 같이 관찰하고 그와 같이 실천한다.
이것은 깨닫지 않은 깨달음의 실천이다.

감사와 보은의 도라는 입장에서 말하면
만물은 무수한 인연의 은혜로 존재한다.
개체의 형성과 활동 일의 성과와 성공도
모두가 수많은 인연의 은혜로 이루어진다.
또 그 인연들의 본성은 아미타라는 것이다.
그러므로 일체가 아미타불의 화신이다.

모든 사람이 한 생애를 살아가는 동안에
가장 지중한 인연의 은혜가 무엇인가.
그 중에 사람이 살아가는 데 필수조건인
의복 음식 주택 의약 네 가지 물건[四事]을
첫째에 두었으니 아미타불이 중생의 마음을
헤아려 24원[공구여의원]으로 세운 때문이다.
둘째부터는 수행을 통해 지혜가 증장하면서
자연히 알아지는 순서대로 나열한 것이다.

첫째는 삶의 조건인 의식주약 사사의 은혜다.
둘째는 사람의 몸을 물려주신 부모의 은혜다.
셋째는 위대한 철학을 심어준 삼보의 은혜다.
넷째는 친연 근연 증상연 모든 중생의 은혜다.
다섯째 인간이 삶을 의지하는 자연의 은혜다.
다섯 가지 은혜에 감사하고 보은해야 한다.

감사와 보은의 도는 부처님이 최후에
연기의 지혜를 방편지로 보이신 선업이다.
모든 인연을 여래의 화신으로 관찰하며
그 인연의 은혜에 감사하고 보은한다면

그는 예토에 머물되 보통사람이 아니다.
일체를 아미타불의 화신으로 관찰하고
모든 인연의 은혜에 감사하고 보은하는
감사와 보은의 도가 요구되는 시대이다.

⑥ 회향문은 원림유희지문이다

회향문은 정토의 경계에서 나가는 문이며
교화의 땅에서 고뇌하는 중생에게 회향한다.
회향문에는 깨달음을 성취한 두 보살이 있다.
첫째 왕생의 깨달음을 성취한 정정취이다.
회향을 으뜸으로 삼아 재시 법시 무외시로
중생의 고뇌를 소멸하고 교화하며 수행한다.
또 감사와 보은의 도로써 교화하고 실천한다.

둘째 일심의 근원에 돌아가 아미타와 상응해
단박에 큰 깨달음을 성취한 지상地上보살이다.
동체대비로 고뇌하는 중생을 관찰하여 그가
원함에 따라 응하여 화신[應化身]을 보인다.

회향문을 원림유희지문이라고 이름한다.

무슨 뜻인가. 생사의 동산으로 돌아 들어가
번뇌의 수풀을 쉬게 하고 자유자재하게
회향하며 즐겁게 사는 문이라는 뜻이다.
깨달음을 성취한 정토의 보살이 이와 같이
회향하는 것은 오직 본원의 힘 때문이다.
본원은 보살이 처음 일으킨 발심의 원이다.

불교의 모든 경론과 더불어 오념문도 역시
그 궁극은 지혜와 안락을 성취하는 데 있다.
부처님의 지혜를 우러러 믿어 안심을 얻고
희망으로 발심하여 오념문을 차례로 닦는다.
예배문 찬탄문 작원문 어느 문에서 닦아도
정토에 왕생하여 영원히 윤회를 끊어버리니
문마다 방편의 지혜요 문마다 안심을 얻는다.

관찰문에서 왕생의 깨달음을 성취한 보살은
반드시 고뇌하는 중생을 향해 회향하게 된다.
실천하지 않는다면 머리로만 아는 것이다.
회향하는 삶이 가장 가치 있는 안락의 삶이다.
회향은 반드시 사람만 상대하는 것은 아니다.

행마다 불공이요 일마다 불사다. 왜 그러한가.
일체가 아미타불의 화신이기 때문이다.

지혜로써 안심을 얻어 발심하고 깨달아
고뇌하는 중생을 살펴서 회향하는 삶이
인간으로 태어나 가장 가치 있는 삶이니
이를 극락이라 하고 또 안락이라 부른다.

본래의 정토원에 두 개의 땅이 있다.
하나는 정토의 동산[淨土之園] 광명의 수풀이다.
하나는 생사의 동산[生死之苑] 번뇌의 수풀이다.

⑦ **오은에 감사하고 보은하는 삶**
회향문에서 설명한 '감사와 보은의 도'는
왕생의 깨달음을 성취하지 못한 범부가
연기의 세계관을 실천하는 것과 동일한
다섯 가지 은혜에 감사하고 보은하는 삶을
일상에서 실천하여 이익을 얻는 수행이다.

사사와 부모와 삼보와 중생과 자연의

오은五恩에 감사하고 보은하는 삶의 공덕은
세간의 복된 덕목인 인의예지신의 오상五常을
실천하는 공덕을 모두 다 포함하고 있다.

의복 음식 주택 의약을 베풂은 어짊[仁]이요
그 은혜에 감사하고 보은하는 것은 의리[義]다.
부모에게 효도함은 선행을 초월한 예의[禮]다.
삼보는 위대한 철학과 지혜[智]를 뜻함이다.

중생의 인연은 옆에서 관계하는 친연親緣
가까운 거리에서 관계하는 근연近緣
멀리 있으면서 관계되는 증상연增上緣
이 세 부류의 인간관계가 있는데 모두가
신뢰[信]와 의리[義]를 바탕으로 맺어진다.
자연과 인간의 연기관계를 잘 이해하고
그 은혜에 감사하고 보은함은 지혜[智]다.

지금은 탈종교화 소통 화합 융합의 시대다.
서로의 다름을 긍정하고 청정한 공업력의
공통분모를 찾고 지혜를 모아 실천할 시대다.

성인의 가르침을 신념으로 삼아 오늘 지금
현실에 충실하되 그 업이 청정한 공업력을
물들이는 행위가 되는 것을 경계해야 한다.

탈종교는 종교 자체를 버리는 것이 아니라
종교의 권위와 아만과 위선을 버리는 것이다.
탈종교는 앎의 자유와 삶의 자유를 구속하는
배타적인 이념과 강요하는 형식을 버림이다.

나는 자연과 생명이 청정한 정토를 염하며
일체가 아미타불의 화신이라고 관찰한다.
오은에 감사하고 보은함을 신념으로 삼아
마음이 밝으면 일하고 어두우면 염불한다.

제2절 깨달음과 수행의 공덕

1. 선오후수문

① **깨달음의 차원**
불교는 깨달음의 종교 지혜의 종교라고 한다.
이 '깨달음'과 '지혜'는 그 뜻이 같은가 다른가.
여기서는 이 두 말의 뜻을 살펴보기로 하겠다.
범어의 보리[Bodhi : 菩提]를 각覺이라 번역하고
우리말로 깨달음이라고 말한다.
범어 반야[prajna : 般若]를 지혜智慧라 번역하는데
일반적으로 '공을 아는 지혜'에 한정하여
사용하는 경우가 많지만 그 범위가 매우 넓다.

지혜의 뜻
지혜는 부처님이 무상보리를 증득하시고
중생으로 하여금 깨달음을 성취할 수 있도록

세계와 인간의 존재방식을 사유하고
관조하는 법을 보인 것이다. 지혜에는
무상보리를 증득할 때 얻는 삼신三身의 지혜
부처님의 네 가지 지혜 방편의 지혜가 있다.
지智는 관할 바의 법을 이름한 것이고
혜慧는 법을 관조하는 마음작용을 말한다.
부처님이 말씀하신 지혜의 경계를 이해하고
그와 같이 관조하는 마음이 곧 지혜이다.

깨달음의 뜻
깨달음에도 차원이 있지만 우리가 추구하는
큰 깨달음은 망념이 일어나지 않는 마음이
일심의 근원으로 돌아가 상응相應 또는
본성인 진여를 증득한 상태를 말한다.
진여를 증득하면 이사理事를 널리 밝게 알고
망념을 떠나 참다운 것을 비추기 때문에
그 깨달음을 광명光明이라고 이름하는 것이다.
광은 밝음이요 명은 비추는 힘이기 때문이다.

깨달음의 뜻을 좀 더 쉽게 말해보겠다.

'깨달음'에서 '깨'는 꿈에서 깨어난다는 뜻이고
'달음'은 일심의 근원으로 돌아간다는 뜻이다.
꿈에서 깨어나는 것은 시각始覺이고
일심의 근원인 진여는 본각本覺이다.
시각과 본각이 계합하면 대각大覺이라고 하니
이것은 대승의 깨달음을 이름하는 것이다.

네 단계 깨달음의 차원
깨달음도 깨닫는 사람과 그 내용에 따라
차원이 다른 여러 가지 이름이 있다.
『대승기신론』에서는 상사각相似覺
수분각隨分覺 구경각究竟覺을 말씀하셨다.
『무량수경종요』에서는 먼저 대각大覺을
설명하고, 무상보리와 정정취의 깨달음과
왕생의 깨달음을 차례로 설명하셨으니
[논]에서 말씀하신 것보다 의미가 더 깊다.
네 단계 깨달음의 차원과 그 이름을 알기 쉽게
차례로 보이고 대략 설명하면 다음과 같다.

첫째는 부처님의 위없는 깨달음[無上覺]이요

둘째는 보살의 큰 깨달음[大覺]이요
셋째는 정정취의 깨달음[自覺]이요
넷째는 염불인의 왕생의 깨달음[往生]이다.

부처님의 위없는 깨달음
범어 '아뇩다라삼먁삼보리'를 한문으로
'무상정등정각[無上正等正覺]'이라고 번역하고
줄여서 '무상보리' '보리' '무상각'이라고 한다.
이를 『기신론』에서는 '구경각'이라 하였으니
우리말로 '위없는 깨달음[無上覺]'이다.

세계와 인간의 존재방식의 전체와 개체를
남김없이 밝혔기 때문에 위없는 깨달음이다.
전체와 개체를 낱낱이 밝혔다는 뜻으로
대원경지 일체종지一切種智라고 이름한다.
삼신의 보리를 증득하니 일심과 지혜가
하나 되는 까닭에 삼신의 지혜라고 한다.

이 깨달음은 석가세존만 단박에 증득하시고
무연無緣의 자비를 행하시니 대자비라고 한다.

나머지 보살들은 점차로 닦아서 증득한다.
보살은 반드시 발심의 꽃을 피우는 정토에서
보리의 열매를 맺게 되는 줄을 알아야 한다.

보살의 큰 깨달음
대승보살이 일심의 근원으로 돌아가
시각이 본각[진여]과 상응하니 대각이라 한다.
대승의 깨달음은 본래 이 대각을 일컬으며
모든 수행법은 대각으로 인도하는 방편이다.
대각의 보살은 평등성지를 성취하였으니
일체의 중생은 그 본성이 동일함을 증득하고
근기에 응하는 몸으로 동체대비를 구현한다.
동체대비의 모습은 말로써 표현하기 어렵고
오직 실천하는 행위로써만 나타낼 수 있다.
『기신론』에서 '수분각'이라고 이름한 것은
초지보살은 법신을 증득해도 미세한 번뇌가
남아 있으니 일부분만을 깨달았다는 뜻이다.

정정취의 깨달음
스스로 일체의 법이 연기즉공성임을 깨달아

무생법인을 증득하니 자각이라고 이름한다.
묘관찰지를 깨달아 비유비무의 이치에 따라
발심하고 실천하면 정정취라고 이름한다.
보살계위 십해 십행 십회향의 모든 과정은
저 대각을 성취하기 위한 방편의 수행이다.
『기신론』에서는 '상사각'이라고 하였으니
주객을 분별하고 탐욕과 성냄과 어리석음의
거친 번뇌가 소멸하여 무분별지의 대각과
비슷한 경계를 관하는 깨달음이라는 뜻이다.

염불인의 왕생의 깨달음
염불인은 여래의 본원력에 힘입어 왕생하여
자비광명인 지혜의 모습에 의지해 경계를
감득하고 수용하니 왕생이 곧 깨달음이다.
자비광명에 의지하여 깨달음을 성취하므로
자각에 상대하여 타력이라고 말하는 것이다.
왕생은 무생無生 무상無相을 깨닫는 것이니
일체를 아미타불의 화신으로 관찰하는
화신관은 왕생의 깨달음을 만족하게 한다.

② **자각과 왕생**

자각과 왕생은 대승의 두 가지 수행문이며
대각을 성취하기 위해 수행하는 두 길이다.
왕생의 길이 없었다면 대부분의 중생들은
괴로움의 바다를 건너가지 못했을 것이다.

대승의 자각은 스스로 정업을 수행하여
경계를 묘관찰지의 모습으로 관찰하거나
스스로 혼탁한 물을 맑은 물로 만들어서
목욕을 하고 때를 벗기는 것과 같은 도리다.

염불인의 왕생은 갖가지 괴로움이 많지만
자비광명의 모습을 관찰하여 동화되거나
이미 만들어진 청정한 공덕수를 떠다가
피로를 씻고 번뇌를 쉬는 것과 같은 도리다.

수행의 환경과 신심 깊은 도반과 정법의 스승
이 세 가지 조건을 갖추기 어려운 시대에는
자각으로 정정취에 들어가는 것이 쉽지 않다.
깨달음은 말이나 글에 있는 것이 아니라

타자와의 관계에서 실천하는 데 있는 것이다.

지금은 대각이 아니라 정정취의 깨달음조차
보기 드문 시절임을 현실이 증명하고 있다.
왕생의 깨달음을 얻는 법은 저 서방에도 있고
이 땅에도 이미 가기 쉽게 마련되어 있음을
설득력 있게 전하는 것 이것이 오늘의 문제다.

③ **선오후수문의 뜻**

'선오후수문'의 어원
원효성사가 지은 [미타증성게] 중에 2수는
고려 말기까지 많은 사람들이 즐겨 외웠다.
　　지난 과거 멀고 먼 때에
　　한 분의 높은 스승 법장이라 불렀네.
　　맨 처음 무상보리심을 일으키고
　　속세를 떠나 도에 들어가 모든 상을 깨뜨렸네.

　　비록 일심은 두 모습이 없는 줄 알았지만
　　뭇 중생이 고해에 빠진 것을 가엾이 여겨

육근을 일으켜 크고 높은 서원으로
정업을 모두 닦아 모든 번뇌 여의었네.

한국불교의 중흥조 보조국사(1158~1210)는
1680년 묘향산 보현사에서 간행한
『절요節要』[法集別行錄節要幷入私記]에서
이와 같이 말씀하셨다.

효공법사 또한 '미타증성게'가 있는데
지난 과거 모든 부처님의
선오후수지문先悟後修之門을 깊이 밝힌 것으로
지금 세상에 성행하고 있다.

이 글이 내가 찾은 '선오후수문'의 어원이다.
나는 두 분 조사의 글을 보고 매우 기뻐하며
정례로 예를 드리고 마음에 깊이 간직하였다.
이때부터 저 돈오돈수頓悟頓修의 주장을 버리고
선오후수문의 체계를 따르기로 결정하였다.
또 여러 경론을 열람하며 일관된 사상임을
확인하고 정법이라는 믿음을 굳히게 되었다.

『능엄경』에서 이와 같이 말씀하셨다.
　　도의 원리는 단박에 깨달을 수 있지만
　　업의 현상은 단박에 소멸되지 않는다.
　　[이즉돈오 사비돈제 : 理卽頓悟 事非頓除]

『무량수경종요』에서 이와 같이 말씀하셨다.
　　예토와 정토는 본래 일심이요
　　생사와 열반도 궁극에는 두 경계가 없다.
　　그러하지만 근원으로 돌아가는 대각大覺은
　　공덕을 쌓아야 얻을 수 있다.
　　번뇌의 흐름을 따르는 오랜 꿈에서
　　단박에 깨어날 수 없다는 것이다.

선오후수문이란 어떤 뜻인가.
선오先悟는 '먼저 깨닫는다'는 뜻이며
도의 원리[도리]를 깊이 이해하는 해오解悟다.
후수後修는 '뒤에 수행한다'는 뜻이며
대각을 증득하기 위해 수행함을 말한다.
문門이란 깨달음에 들어가는 길을 뜻한다.

도의 원리란 무엇인가.
첫째 인과와 연기의 도리다.
둘째 일체경계 본래일심의 도리다.
셋째 부처님의 네 가지 지혜다.
넷째 관찰하고 성취해야 할 법이다.

수행이란 무엇인가.
발심하고 자신이 선택한 수행문의 체계에서
대각을 증득하기 위해 닦아 나가는 것이다.
모든 수행문에는 도의 원리가 갖추어졌으니
그것을 믿고 안심을 얻어 발심하고 수행한다.

선오후수문이란 도의 원리를 깨달아서
정업을 닦는 공덕으로 왕생의 깨달음
혹은 정정취의 깨달음에 이르게 되고
마침내 저 일심의 근원으로 돌아가는
대승의 깨달음을 성취한다는 것이다.

왜 선오후수문인가.
도의 원리를 아무리 깊이 이해하더라도

곧 일상적인 행위로 드러나기가 어렵다.
육근으로 익히고 아뢰야식에 뿌리내린
오염된 습관은 단박에 제거되지 않으니
죄업을 지어 온 역사가 오래된 때문이다.

번뇌도 공덕도 실체가 없다는 이유로
끊고 닦을 것이 없다고 함부로 말하지만
끊고 닦지 않으면 얻는 것은 괴로움뿐이다.
일체 중생이 불성을 갖추었기 때문에
중생이 본래 부처라고 함부로 말하지만
도리를 깨달아도 닦지 않으면 범부일 뿐이다.
위대한 부처님과 불교를 빛낸 조사가 세운
선오후수문의 뜻이 이와 같은 것이다.

④ 선오후수의 오념문
오념문의 신행체계는 선오후수문에
부합하는 도리와 정업을 닦는 수행법이
체계적이고 완벽하게 갖추어져 있다.

오념문의 도리

첫째 인과와 연기의 도리에 의한다.
오념문의 수행은 전체가 정업의 인을 닦아
삼업이 청정한 과보를 얻는 인과의 도리다.
행하는 즉시 과보를 얻는 인과동시의 법이다.
그러므로 행하는 대로 이익을 얻게 된다.
염불을 인으로 정토의 수승한 연을 만나서
정토의 경계를 감득하고 법의 맛을 수용하는
인연생기 곧 연기의 도리에 의한 수행법이다.

둘째 일체경계 본래일심의 도리에 의한다.
연기즉공을 뛰어넘어 일심의 도리에 의해
일심정토를 이루기 위한 염불수행이다.

셋째 성소작지를 믿고 수행한다.
명호를 찬탄한 공덕으로 죄업이 소멸하고
명호를 생각한 공덕으로 정토에 태어나며
그밖에 불가사의한 공덕을 성취하게 되는
성소작지를 우러러 믿고 염불을 수행한다.

넷째 일심과 아미타를 법으로 삼아 수행한다.
오념문은 대승인 까닭에 일심을 법으로 삼고
염불수행이므로 아미타를 법으로 삼는다.

오념문이 선오후수문에 부합한다는 것은
위의 도리를 깊이 이해하는 것이 선오이며
발심하고 수행하는 것이 후수에 해당하여
앞과 뒤가 조금도 어긋나지 않기 때문이다.

정업을 닦는 수행
모든 수행은 그 법을 성취하기 위해 닦는다.
오념문은 청정한 공덕의 모습인 아미타와
상응하기 위해 정업淨業을 닦는 수행문이다.
몸과 말과 마음의 업을 청정하게 하는
정업의 수행을 일관되게 닦는 체계이다.

오념문은 어느 문에서도 아미타를 향한다.
문마다 청정한 업을 닦은 공덕의 과보는
청정한 공덕의 모습인 아미타와 상응하여
마침내 왕생의 깨달음을 성취하게 된다.

이 깨달음으로 정정취에 들어가게 되며
중생을 향해서 청정한 회향을 실천한다.

청정한 회향의 공덕수는 한 방울도 빠짐없이
갈증과 번뇌의 수풀을 적시고 꽃을 피우며
강을 이루어 광대한 일심의 바다로 흘러간다.
일심의 바다에 가득한 청정한 공덕의 물결은
마침내 저 일심의 근원 아미타로 돌아간다.

오념문의 결론
오념문은 처음 동적인 수행인 예배문부터
점차 정적인 수행으로 들어가는 체계이다.
이와 같은 수행법은 오념문이 유일하다.
다섯 문은 인과가 상속되어 수행이 깊어진다.
어떤 문을 닦아도 생사의 윤회를 벗어난다.
오념문은 몸과 말과 마음의 청정한 업을 닦아
아미타와 상응하는 왕생의 깨달음을 성취해
자연과 중생이 청정한 정토에 화생하게 한다.

정토에 화생한 이는 청정한 공덕상을 관하며

일체가 아미타의 화신이라는 지혜를 얻는다.
그리고 인연의 은혜에 감사하고 보은하며
일체 중생의 고뇌를 저버리지 않고 회향한다.
이는 정업을 닦아 일심의 근원으로 돌아가고
대비의 마음을 성취하는 수승한 방편이다.

오념문은 종교를 초월하여 모든 사람들이
일상에서 실천해도 이익을 얻는 수행법이다.
만유의 근본은 아미타이며 일체의 현상계는
아미타의 화신이라는 위대한 진리는 오직
오념문의 인연으로만 접할 수 있을 것이다.

2. 일체가 아미타불의 화신

① 아미타와 그 화신

불교는 만유의 근원을 진여眞如라고 설한다.
진여는 실체가 없기 때문에 만유는 공성이다.
중생은 진여인 여래의 성품을 갖추고 있지만
밖으로 드러나지 않고 무명 안에 숨어 있으니

여래장이라 하고 진여의 몸을 법신이라 한다.
진여로 인하여 부처가 될 수 있다는 뜻으로
'일체 중생은 모두 불성이 있다'라고 설한다.
진여를 일심의 근원, 그 세계를 법계라 한다.
진여의 마음에는 일체의 번뇌가 없기 때문에
적멸이요 열반이요 청정심이라고 이름한다.
정토사상에는 진여와 동일한 법이 아미타다.

만유의 근본은 아미타
광대한 우주에는 시작도 끝도 없이 본래
청정한 공업력共業力이요 생명의 에너지이며
무량한 광명인 아미타[Amita]로 충만하였다.
아미타는 만 가지 공덕을 머금고 있으므로
자연과 생명의 일체를 창조하는 근원이다.
그러므로 만유의 근본은 자연히 아미타다.

물질계는 아미타가 굳어져 이루어진 것이니
무수한 은하계와 태양계의 별들과 자연은
아미타를 머금고 있는 아미타의 화신이다.
생명계는 청정한 공업력이 화생한 것이니

태난습화의 일체 생명은 아미타를 안고 있다.
자연과 생명의 일체는 아미타의 작용이다.

인과와 연기의 도리
아미타는 만유의 본성인 동시에 현상이지만
본성은 공성이라 현상으로 드러나지 않는다.
만덕萬德을 머금은 아미타는 공성인 까닭에
생멸하는 현상계 중에 만 가지 꽃을 피운다.
인간을 비롯한 모든 생명은 타자와 관계에서
자신의 업력을 드러내고 영향을 주고받는다.

유정과 무정이 생멸 변화하는 일체의 현상은
인과因果와 연기緣起의 도리를 벗어나지 않는다.
같은 날 뿌린 씨앗이 꽃피고 열매 맺는 시기가
같지 않은 것은 인과와 연기의 도리 때문이다.
한날 태어나도 근기와 희망과 성품이 다르고
삶의 모습이 다른 것은 업의 인과가 작용하고
연기의 법이 조금도 어긋나지 않기 때문이다.

여래장 성공덕상

만유의 본성이 만덕을 머금은 아미타이므로
인과의 진리에 의하면 천차만별한 현상계도
마땅히 아미타의 물결로 나타나야 할 것이다.
그 당연하게 진리로 나타나는 모습을 일컬어
여래장 성공덕상如來藏 性功德相이라고 이름한다.
여래장 성공덕상은 생멸하는 모습이니
깨달음의 지혜로 관찰하면 본성과 현상
일체가 아미타요 청정한 공덕의 모습이다.

일심 광명 화신

일심의 근원에서 번뇌가 일어나지 않으면
'진여를 증득했다' '일심을 증득했다' 하고
이때의 마음을 법신法身이라고 이름한다.
마음에 번뇌가 없어 청정하고 일체 경계가
무량한 광명의 모습으로 가득하게 되면
'광명을 성취했다' 하고 보신報身이라고 한다.

안으로 마음이 맑고 밖으로 경계가 밝으며
중생의 근기에 응하여 방편으로써 제도하면

'화신을 보인다' 하고 화신化身이라고 부른다.

일심 광명 화신은 삼보로서 본래의 진리이니
마침내 모두가 돌아가야 할 귀명의 대상이다.
이와 같이 진리를 분명하게 나타낸 가르침은
정토사상 밖에서는 찾아볼 수 없을 것이다.

정정취와 범부
정정취는 법신의 마음을 조금 느끼게 되고
보신의 경계인 무량한 광명을 관할 수 있다.
정정취는 일체의 경계를 화신으로 관한다.
범부는 대개 부처님의 몸을 응신應身으로 보고
삼매 중에 부처님의 몸을 화신으로 관한다.

범부의 세계
범부는 아미타의 세계를 업식으로 바라본다.
사람마다 업식으로 바라보고 사람의 마음도
한결같지 않고 상황과 조건에 따라서 변한다.
그러므로 한 세계 위에 범부의 업식에 의해
허상으로 건립된 무수한 세계가 있게 되었다.

근원도 개체도 실체가 없는 하나의 세계에서
하나의 마음이 일으킨 세계가 예토와 정토다.
예토에서도 삼계와 육도의 경계를 분별하고
다시 차별적인 여러 가지 경계를 분별하여
자신의 업력에 따라 싫어하고 애착하게 된다.
그러나 일체의 경계는 이 마음이 지은 것이다.
그러므로 '일체경계 본래일심'이라고 말한다.

일체가 아미타불의 화신
정정취는 묘관찰지를 얻어 발심하거나
일체를 화신으로 관하며 물러나지 않고
정진하므로 방편의 법이 필요하지 않다.
지금 전법에 있어서 가장 시급한 사람은
삿된 믿음에 빠져있는 사정취가 아니라
믿음을 결정하지 못한 부정취의 부류다.

대승에 입문하고 부정취에 머문 자에게
왕생의 깨달음을 성취하는 희유하고 묘한
최후의 방편이 염불의 법에 있다. 그것은
일심을 법으로 삼고 아미타를 법으로 삼아

일체를 아미타불의 화신으로 관하는 것이다.
화신관은 묘관찰지를 성취하는 방편이면서
일체의 법이 아미타의 화신이라는 진리다.
화신관은 아미타의 인격적인 표현으로서
범부를 위해 대자비로 방편을 보인 것이다.

② **정토는 청정한 공업력**
인간은 자연과 사회를 떠나 혼자 살 수 없으니
어떤 방식으로든지 그 영향을 받기 때문이다.
또 고의든지 과실이든지 무의식적이든지
선업과 악업을 번갈아 지으며 살아가게 된다.
선악의 업을 짓는 데에 자업과 공업이 있다.

자업
자신이 선업과 악업을 번갈아 짓고 그 과보를
자신이 받게 되면 자업自業이라고 이름한다.
자업은 자업자득으로 이런 경우를 말한다.
첫째 남이 모르게 죄를 짓고 혼자 괴로워한다.
둘째 남이 알게 업을 짓고 그 과보를 받는다.
자신이 지은 업은 남들이 알거나 모르거나

업의 영향이 자연과 중생에게 미치게 되는데
만유는 연기의 도리로 존재하기 때문이다.

공업
공동으로 선악의 업을 번갈아 짓고 그 과보를
공동으로 받게 되면 공업共業이라고 이름한다.
자업은 개인의 업이며 공업은 사회적 업이다.
자업의 성질은 공업의 작용에 영향을 받는다.
공업을 분석하여 예로 들면 대략 다음과 같다

첫째 산하대지 및 공용의 사물에 이름을 짓고
모든 사람들이 그 이름을 공동으로 사용한다.
둘째 사상 종교 철학 이념 윤리 등을 공유한다.
셋째 법률 제도 질서 관습 풍속 등을 공유한다.
넷째 수자원 도로 교통망 전기 등을 공유한다.
다섯째 언어 문자 의식주 직업 등을 공유한다.
여섯째 동일한 국토 같은 사회에서 생활한다.
공업은 이 밖에도 많은 종류로 해석할 수 있다.

자업이 공업력을 이룬다.

『관무량수경』에서 이와 같이 말씀하셨다.

부처님이 위제희에게 말씀하셨다.

너는 지금 아는가 모르는가.

아미타부처님은 여기에서 멀지 않다.

너는 생각을 모아 저 국토의

정업淨業을 성취하신 분을 자세히 관찰하라.

내가 지금 너를 위하여

여러 비유로 자세히 설명하고

또 미래세의 일체 범부 중에

정업을 닦으려는 자로 하여금

서방 극락국토에 태어나게 할 것이다.

저 국토에 태어나려고 하는 자는

마땅히 세 가지 복을 닦아야 한다.

첫째 부모에게 효도하고 봉양하며

스승과 어른을 받들어 섬기며

자비의 마음으로 살생하지 않고

열 가지 선업을 닦는 것이다.

둘째 삼귀의를 수지하고
(오계 십계 등) 여러 가지 계를 갖추어
위의를 범하지 않는 것이다.
셋째 보리심을 일으키고
인과의 도리를 깊이 믿으며
대승경전을 독송하고
행자에게 권하여 닦아 나아가게 하는 것이다.
이와 같은 세 가지 일을 정업이라고 이름한다.

부처님이 위제희에게 말씀하셨다.
너는 지금 아는가 모르는가.
이 세 가지 업은 과거 미래 현재의 삼세에
모든 부처님의 정업의 정인正因이다.

자업이 사회와 자연에 널리 영향을 미치면
자업의 힘이 자연히 공업력을 이루게 된다.
정토는 자업과 공업이 모두 청정한 곳이다.
경에서 말씀하신 세 가지 복[삼복]이란
세복世福 계복戒福 행복行福이며 이를 닦으면
청정한 자업의 인因이 청정한 연緣을 만나서

공업력이 증장하여 정토를 이룬다는 것이다.

정토를 이루면 아미타불이 어디에 계시는가.
삼복三福을 닦으면 아미타불이 가까이 오시고
청정한 업을 닦지 않으면 부처님이 멀어진다.
서방정토를 설하는 경에서 아미타부처님이
여기서 멀지 않다고 저와 같이 말씀하셨는데
어찌 일심정토가 부처님의 뜻이 아니겠는가.

세 가지 복을 닦아야 한다.
경에서 '저 국토에 태어나려고 하는 자는
마땅히 세 가지 복을 닦아야 한다.'고 하셨다.
이는 정토를 이루는 정인을 말씀하신 것으로
삼복을 닦으면 수행에 장애가 없기 때문이다.
수행에 장애가 없으면 정토는 멀지 않다.

첫 번째는 인간의 근본윤리를 설한 것으로
공업력이 증장하여 정토를 이루는 정인이며
세속의 윤리로 자타가 안락하니 세복이다.
두 번째는 불자의 근본계율을 설한 것으로

공업력이 증장하여 정토를 이루는 정인이며
계율의 수지로 자타가 안락하니 계복이다.
세 번째는 대승의 근본정신을 설한 것으로
공업력이 증장하여 정토를 이루는 정인이며
대승의 행으로 자타가 안락하니 행복이다.

이와 같이 인간의 근본윤리 불자의 근본계율
대승의 근본정신을 실천하는 삼복을 닦으면
공업력이 증장해 정토를 이루는 정인이 된다.
그러므로 세 가지 복을 닦지 않고 현실에서
정토를 구한다면 씨앗을 뿌리지 않은 사람이
꽃이 피어나기를 기다리는 것과 같은 격이다.

정토는 상선인들이 모인 곳
『아미타경』에서 이와 같이 말씀하셨다.
> 사리불아 중생이 이 말을 들으면 응당히 발원하여
> 저 국토에 태어나기를 발원해야 한다.
> 왜냐하면 이와 같은 모든 상선인들과 더불어
> 한 곳에 함께 모일 수 있기 때문이다.

정토는 어떤 곳인가. 아미타부처님이 계시며
무량한 광명을 비추어 자연이 청정한 땅이다.
소승의 아라한과 대승의 정정취가 무수하고
일생보처보살도 헤아릴 수 없이 많은 곳이다.
정토의 중생들은 모두가 최상으로 선량하고
삼복을 닦았으므로 상선인上善人이라고 부른다.
삼복을 닦은 중생들은 정토에 태어나게 되고
상선인들의 연을 만나면 공업력이 증장하여
무량한 광명을 감득하고 법의 맛을 수용하며
자타가 다 함께 안락을 성취할 수 있게 된다.

정토는 청정한 공업력이다.
정토는 마음의 세계이면서 수행의 과보로
실제 감득하고 수용하는 실보토實報土이다.
그러므로 누구든지 정토를 이룰 수 있지만
대승은 개인의 안락으로 만족하지 않는다.
대승은 발심을 근본정신으로 삼아 다 함께
공동체의 정토를 위해 보살행을 실천한다.

공동체의 정토를 위해 수행하는 사람들은

먼저 세 가지 복력을 갖추도록 힘써야 한다.
삼복을 닦지 않으면 삶과 수행에 장애가 많아
현실에서 정토를 감득하는 것은 불가능하다.
비록 큰 깨달음을 성취하지 못했다 하더라도
삼복을 갖춘 사람들은 죽어서도 이 국토의
하늘과 산하대지와 마음을 맑고 밝게 하는
청정한 공업력을 남겨 정토의 정인을 심는다.
청정한 자업의 힘은 살아 있을 때도 죽어서도
청정한 공업력으로 작용함을 명심해야 한다.

자신의 정토는 자업이 청정하면 성취되지만
공동체의 정토는 모두 함께 삼복을 닦아서
청정한 공업력을 이루어야 가능한 것이다.
누구든지 인간의 근본윤리 불자의 근본계율
대승의 근본정신을 실천하는 삼복을 닦아서
오념문을 실천하면 반드시 정토를 감득한다.

개인과 가정과 직장과 사회도 삼복을 닦고
오념문을 실천하면 청정한 공업력이 증장해
반드시 안락한 정토를 감득하게 될 것이다.

정토를 감득하면 처처에서 상선인을 만나고
아미타불의 화신을 뵈니 수행은 날로 빛난다.
이것은 종교를 초월하는 깨달음과 지혜로써
인류의 안락을 위해 보이신 법으로 완전하고
검증이 가능하고 위없는 염불의 위대함이다.

③ **앎의 자유, 삶의 자유**
지혜와 안락은 불교를 통해 자유를 누리는
두 날개와 같아서 모든 불자가 추구한다.
지혜란 세계와 인간의 존재방식에 대하여
말씀하신 부처님의 지혜다. 이 지혜를
깊이 믿고 이해하는 것이 앎의 자유다.

 안락이란 본래 안심락상安心樂相의 뜻으로
마음이 편안하고 경계가 즐거운 것이다.
지혜와 복덕이 구족하면 마음이 편안하고
지혜의 모습을 관찰하면 경계가 즐거우니
안락이라고 이름한다.

대승의 근본정신은 상구보리 하화중생이니

위로 부처님의 깨달음[지혜]을 구하고
아래로 중생을 안락하게 하는 것이다.
그 중에 대각으로 평등성지를 성취하고
동체대비로 일체의 중생을 안락하게 함을
대승의 가장 이상적인 삶으로 삼는다.
그러나 일심의 근원으로 돌아가는 대각은
수행의 공덕을 쌓아야만 성취할 수 있으니
번뇌와 업력의 관성慣性을 따라 삼업을 짓는
긴 꿈에서 단박에 깨어날 수 없기 때문이다.

수행의 공덕
무엇이 수행의 공덕을 쌓는 것인가.
지혜로써 앎의 자유를 얻고
자신이 안락하고 남도 안락하도록
회향을 실천하는 것이다.
지혜가 없으면 안락을 얻지 못하니
지혜가 먼저다. 지혜를 얻는 문에
무엇이 장애인가. 바르지 않은 세계관이다.

무엇이 바르지 않은 세계관인가.
첫째 세계와 중생과 업에 있어서
인과因果의 도리를 부정하는 것이다.
둘째 모든 법은 인연의 화합으로 생겨난다는
연기緣起의 도리를 부정하는 것이다.
셋째 정신적 물리적 일체의 현상은
공성空性임을 부정하고 실체가 있다는 것이다.
넷째 일체의 경계는 마음의 반영이라는
일심一心의 도리를 부정하는 것이다.
다섯째 일원론 이원론 다원론의 주장이다.
여섯째 유일신에 의한 창조론의 주장이다.
이와 같은 등의 바르지 않은 세계관이
지혜에 장애가 되어 앎의 자유를 얻지 못한다.

앎의 자유
불교는 세계와 인간의 존재방식을
인과와 연기의 도리를 근본으로 설하였다.
모든 법은 묘관찰지의 비유비무이다.
이 지혜를 무애지無碍智라고 이름하니
걸림이 없기 때문에 앎의 자유를 얻는다.

'일체가 아미타불의 화신'이라고 관하는 것은
묘관찰지의 경계를 관하는 것과 같다.

불교의 궁극은 유심론[일심론]을 설하였으니
'일체의 경계는 본래 일심'이라는 것이다.
이는 창조신의 자리에 인간의 마음을 두어
일체의 구속을 벗어나 자유를 얻게 한다.

이것은 만고에 변함없는 보편적인 진리이니
이와 같이 깊이 믿고 이해하고 통찰하는 것
이것이 지혜요 앎의 자유를 얻는 것이다.
사상을 공유하여 앎의 자유를 넓히는 곳에
공업력이 증장하여 희망의 정토가 다가온다.

삶의 자유

지혜와 복덕이 구족하면 마음이 편안하고
지혜의 모습을 관찰하면 경계가 즐거우니
안락이라고 이름하며 자신과 남이 다 함께
안락하면 비로소 삶의 자유를 얻는다.
 지혜는 앞에서 말했으니 무엇이 복덕인가.

『아미타경』에서 이와 같이 말씀하셨다.

    적은 선근 복덕 인연으로는

    정토에 태어날 수 없다.

선근善根은 발심의 인연이요
복덕福德은 염불의 인연이다.
'복'이란 앞에서 설명한 세복 계복 행복과
더불어 건강과 의식주 의약의 사사四事 등
삶의 조건이 충족된 것을 말하는 것이다.
'덕'이란 원만한 인격을 갖춘 것을 말한다.
염불은 저 복덕을 자연히 갖추게 한다.
그러므로 복덕은 염불을 말하는 것이다.
오념문의 염불은 안심을 얻고 정업을 닦아
자연히 복덕을 갖추고 정토에 왕생케 한다.
정토에서 앎의 자유와 삶의 자유를 얻고
안락한 생활 중에 중생을 향해 회향한다.
염불은 청정한 공업력을 넓히는 묘한 법이다.
오념문의 염불은 자연과 중생 모두가 혼탁한
지금의 시대상과 대중의 요구에 부응하는
수행법이 되어 불교를 빛낼 위대한 법이다.

염불을 권하고 마침

불교의 생명이 바람 앞에 등불처럼 위태롭다. 세상만사가 인과와 연기의 도리 안에 있으니 지금 갑자기 일어난 현상이 아님을 알 것이다. 나는 32년 전 출가한 시절에 원인을 보았다. 결과를 보고 후회하면 많은 상처를 받겠지만 원인을 알고 고뇌하면 반드시 희망이 열린다.

고뇌에 빠진 나에게 희망과 길을 보여준 것은 정토와 염불의 경전이었으니 곧 부처님이다. 또 원효성사를 뵙고 이어서 세친 용수 마명 등 천년의 역사가 증명하는 조사의 논서를 보고 염불의 뛰어남을 알게 되어 환희용약 하였다.

나는 염불을 선택할 때나 수행할 때나 지금도 산문의 출가자를 큰 스승으로 삼은 적이 없다.

구체적인 이유는 다음 기회에 밝히기로 하고
지금은 오념문의 뛰어난 점을 하나만 보이며
출가자와 재가자 모두에게 염불을 권하겠다.

오념문은 소승의 모든 수행법을 안고 있다.
또 간경 참선 주력 절수행 명상을 포함하였다.
금생에 윤회를 끊는 법과 이 땅에서 왕생하여
정토를 감득하고 정정취에 오르는 법도 있다.
오념문을 행하면 자연히 복덕이 갖추어진다.
오념문의 염불은 모든 수행문의 결정체다.
오념문의 깊은 뜻을 알거나 모르거나 받들어
믿고 행하면 불가사의한 이익을 얻을 것이다.

이 책은 세계와 인간의 존재방식을 중심으로
경론에 의거하고 추론을 첨가해 서술하였다.
세계의 문제는 가설도 많고 학설도 분분하니
다른 견해를 내어서 비판할 수도 있을 것이다.
그러나 인간의 존재방식은 경론에 의거하여
불교의 요체를 바로 보인 것이고 염불수행은
나의 생명과 같은 것이니 신중하게 읽어보고

오류를 지적하면 겸손하게 받아들일 것이다.

이 책을 계기로 눈 밝은 후학들이 이어서 세계와 인간의 존재방식을 더욱 합리적이고 체계적으로 탐구하고 해설하여 현대인들이 공감하며 즐겨 읽을 수 있기를 염원한다.

끝으로 사상을 공유하며 교정에 노력해 주신 지혜로운 법우님들께 감사의 마음을 전하고 이 책이 불교의 봄을 기다리는 뭇 사람들에게 안심과 희망의 소식이 되기를 바란다.
나무아미타불

백송정목白松正牧 삼가 씀

○ 인터넷 전법도량
다음카페 '아미타파' : http://cafe.daum.net/amitapa
'아미타파'는 '광명의 물결'이라는 뜻이다.
광명의 물결은 은혜의 물결이며
일체가 아미타불의 화신이라는 뜻이다.

○ 오룡산 정토원
50582 : 경남 양산시 상북면 오룡길 391. 055) 375. 5844

○ 아미타 염불원
04320 : 서울시 용산구 한강대로 353. 2층 02) 704. 5844

아 미 타

초판 1쇄 인쇄　2018년 6월 18일
증보 1쇄 인쇄　2018년 9월 15일

지 은 이 ｜ 정목
펴 낸 이 ｜ 강대홍
편　　 집 ｜ 이지향
펴 낸 곳 ｜ 금샘
등　　 록 ｜ 제 2016-000008 호

주　　 소 ｜ 부산시 중구 중앙대로 78. 5층
전　　 화 ｜ (051) 464-6776
팩　　 스 ｜ (051) 463-6031
이 메 일 ｜ kj9121@hanmail.net

값 20,000원
ISBN _979-11-88900-04-6

보 급 처 ｜ 법우당 (031) 945-4533
E-mail. bwd4437@ hanmail.net
※ 잘못된 책은 구입하신 서점에서 바꾸어드립니다.
※ 이 책은 저작권법에 따라 보호받는 저작물이므로
　 무단전재 및 무단복제를 금합니다.